PRIX : 60 centimes.

PÉTRARQUE

LETTRES
DE VAUCLUSE

TRADUITES DU LATIN POUR LA PREMIÈRE FOIS

Par VICTOR DEVELAY

PARIS
Ernest FLAMMARION, Éditeur
26, rue Racine, 26

AVIS DE L'ÉDITEUR

Le but de la collection des *Auteurs célèbres*, à 60 *centimes* le volume, est de mettre entre toutes les mains de bonnes éditions des meilleurs écrivains modernes et contemporains.

Sous un format commode et pouvant en même temps tenir une belle place dans toute bibliothèque, il paraît chaque quinzaine un volume.

CHAQUE OUVRAGE EST COMPLET EN UN VOLUME

POUR LES N° 1 A 350, DEMANDER LE CATALOGUE SPÉCIAL

351. Flammarion (Camille), Excursions dans le Ciel.
352. Daudet (Ernest), Les Duperies de l'Amour.
353. Richebourg (Émile), Sourcils noirs.
354. Roger-Milès, Pures et Impures.
355. Hennique (Léon), Benjamin Rozes.
356. Riche (Daniel), Amours de Mâle.
357. Cyrano de Bergerac, Voyage dans la Lune.
358. Colombier (Marie), Sacha.
359. Tolstoï (Comte Léon), A la Hussarde!
360. Darzens (Rodolphe), Le Roman d'un Clown.
361. Léon Gozlan, Les émotions de Polydore Marasquin.
362. Tancrède Martel, L'Homme à l'Hermine.
363. A. Grébauval, Le Gabelou.
364. Albert Cim, La petite Fée.
365. André Valdès, A la Dérive.
366. Lex, Comment on se marie.
367. Nikolaï Gogol, Contes et Nouvelles.
368. Erasme, Éloge de la Folie (traduction couronnée).
369. P. Vigné d'Octon, Mademoiselle Sidonie.
370. Joseph Montet, Le Justicier.
371. François de Nion, L'Usure.
372. Eugène de la Queyssie, La Femme de Tantale.
373. Jean Berleux, Cousine Annette.
374. P. de Pardiellan, L'Implacable Service.
375. Eric Besnard, Le Lendemain du Mariage.

En jolie reliure spéciale à la collection, 1 fr. le volume.

ENVOI FRANCO CONTRE MANDAT OU TIMBRES-POSTE

Imprimerie Lanvar, rue de Fleurus, 9, à Paris.

LETTRES DE VAUCLUSE

ÉMILE COLIN, IMPRIMERIE DE LAGNY (S.-ET-M.)

PÉTRARQUE

LETTRES DE VAUCLUSE

TRADUITES DU LATIN POUR LA PREMIÈRE FOIS

PAR

VICTOR DEVELAY

PARIS
ERNEST FLAMMARION, ÉDITEUR
26, RUE RACINE, PRÈS L'ODÉON
—
Tous droits réservés

LETTRE-PRÉFACE (¹)

A GUIDO SETTE

Archevêque de Gênes.

Vous vous rappelez qu'à la fleur de notre jeune âge, que nous passâmes sur la paille des grammairiens, comme dans un lieu de délices, mon père et votre oncle, qui avaient alors l'âge que nous avons maintenant, vinrent un jour, suivant leur coutume, à cette petite ville de Carpentras. Votre oncle, comme étranger, conçut le désir, né sans doute du voisinage et de la nouveauté du spectacle, de voir cette belle fontaine de la Sor-

(1) Dans cette lettre adressée à l'un de ses amis d'enfance, Pétrarque, déjà vieux, repasse sa vie entière. Nous en avons extrait ses souvenirs de Vaucluse.

gues, qui, jadis fameuse par elle-même, s'il est permis de se glorifier de peu avec un ami, c'est-à-dire avec soi, est devenue plus fameuse par le long séjour que j'y fis dans la suite et par mes vers. En entendant cela, nous eûmes, nous aussi, le désir enfantin d'y être conduits. Et comme nous ne paraissions pas pouvoir être confiés sans danger à des chevaux, on nous donna des domestiques chargés de les diriger, en nous tenant, comme cela se fait, serrés dans leurs bras. Pendant que cette mère, la meilleure de toutes celles que j'ai connues, ma mère par le sang et notre mère à tous deux par la tendresse, que nous avions fini par gagner avec bien de la peine, faisait en tremblant mille recommandations, nous partîmes avec cet homme dont le souvenir seul est agréable, dont vous portez le nom et le prénom que vous avez rehaussés par le savoir et la réputation. Lorsqu'on fut arrivé à la fontaine de la Sorgues (je m'en souviens comme si c'était aujourd'hui), frappé de la beauté extraordinaire des lieux, entre autres réflexions d'enfant, je dis comme je pus : « Voilà l'endroit qui convient le mieux à ma nature, et si un jour cela se peut, je le préférerai aux grandes villes. » Je me disais alors tout bas ce que plus tard, quand j'atteignis l'âge viril, j'ai publié partout par d'éclatants témoignages, tant que le monde ne m'a pas envié mon loisir. Car j'ai passé là plusieurs années interrompues par des affaires et des difficultés qui m'ont souvent distrait. Toutefois j'y ai goûté une paix si profonde et un tel charme que depuis que j'ai connu ce que c'était que la vie des hommes, je n'ai guère vécu que là ; tout le reste du temps a été pour moi un supplice.

Déjà indivisibles de cœur, nous étions séparés par nos goûts. Vous ambitionniez les procès et le barreau; moi, le repos et les bois. Vous avez recherché dans le chemin de la politique des richesses honnêtes, qui, chose étrange, m'ont poursuivi jusqu'à faire envie, moi, solitaire, dédaigneux d'elles, et réfugié au fond des bois. Mais pourquoi vous retracer maintenant ce silence des champs, ce murmure continuel du fleuve le plus limpide, ce mugissement des bœufs dans les vallées sonores, ces concerts non seulement diurnes mais nocturnes des oiseaux sous la ramée ? Vous connaissez tout cela, et si vous n'avez pas osé me suivre entièrement dans ces parages, chaque fois que vous pouviez, ce qui était rare, vous dérober au fracas des villes, vous aviez coutume de vous réfugier là avec empressement, comme dans un port après la tempête.

Songez que de fois la nuit obscure m'a surpris seul au loin, dans la campagne ! Que de fois, pendant l'été, je me suis levé au milieu de la nuit et, après avoir récité les matines, pour ne pas déranger mes serviteurs endormis, je suis sorti seul, surtout au clair de lune, tantôt dans les champs, tantôt sur les montagnes ! Que de fois, à cette heure-là, je suis entré, sans être accompagné, avec un plaisir mêlé d'épouvante, dans cette affreuse caverne de la fontaine où l'on frissonne d'entrer en plein jour, même accompagné ! Si l'on veut savoir d'où me venait tant de hardiesse, je n'ai pas peur des fantômes et des revenants, on n'avait jamais vu de loup dans cette vallée, il n'y avait rien à craindre des hommes. Des bouviers passaient la nuit dans les prés, et des pêcheurs sur la rivière ; ceux-là chantaient, ceux-ci se taisaient ; les uns et les autres me faisaient la cour à qui mieux mieux et me témoignaient à toute heure toutes sortes d'égards. Ils savaient que le seigneur de l'endroit et le leur (1) était pour moi non seulement un

---

(1) Philippe de Cabassole, évêque de Cavaillon.

ami mais un frère excellent, mais un père ; aussi se montraient-ils partout bienveillants, nulle part hostiles. C'est pourquoi, en réfléchissant à tout cela, j'étais persuadé (et vous partagiez mon avis) que tout l'univers fût-il bouleversé par la guerre, cet endroit resterait calme et paisible. Ce qui me le faisait croire, c'était le respect de l'Église romaine et surtout son voisinage, mais plus encore la pauvreté dont la sécurité est absolue et qui se moque de l'avarice et des armes.

Vous allez ensuite apprendre une chose qui pourra vous étonner. Lorsque j'étais encore là, des loups étrangers se ruèrent par bandes jusque dans les maisons du bourg et, après avoir égorgé les troupeaux, laissèrent les habitants du lieu effrayés et tremblants. Ce ne fut pas seulement un dommage, ce fut, à mon avis, l'augure et le présage des loups armés qui allaient venir. En effet, peu de temps après mon départ, une poignée de voleurs vils et méprisables, mais enhardis par la lâcheté des habitants, parcoururent et saccagèrent tous les environs. Finalement, en pieux bandits qu'ils étaient, voulant du produit de leur vol sacrifier dans les règles à Laverne, déesse des voleurs, le jour même de Noël, ils fondirent sur ma maison de campagne mal gardée, enlevèrent ce qu'ils pouvaient emporter, brûlèrent le reste et mirent le feu au petit ermitage d'où je méprisais les domaines de Crésus. La vieille voûte résista à l'incendie, car ces scélérats étaient pressés. J'avais laissé là en partant quelques livres que le fils de mon métayer, prévoyant ce qui arriverait, avait transportés dans le donjon. Persuadés qu'il était inexpugnable, comme il l'est, mais ne le sachant pas inhabité et sans défense, comme il l'était, les brigands s'en allèrent. C'est ainsi que mes livres échappèrent, contre toute espérance, à cet affreux danger, Dieu n'ayant pas voulu qu'un si noble butin tombât entre des mains si indignes.

Fiez-vous donc maintenant aux profondes retraites de ce Vaucluse! Rien n'est clos, rien n'est haut, rien n'est obscur pour les voleurs et les brigands; ils pénètrent partout, ils voient et fouillent tout. Point d'endroit si fortifié et si élevé que n'escalade la cupidité armée et l'avarice dégagée des liens des lois. Oui vraiment, lorsque je songe à l'état présent du lieu et que je me souviens du passé, je ne puis croire que ce soit là où j'ai erré la nuit, seul et sans crainte, sur les montagnes. Mais consultant plutôt le charme de ma solitude que l'obscurité de cette campagne, j'en ai dit peut-être plus qu'il ne fallait pour rapprocher l'ancien temps du nouveau et montrer par là le changement (1).

(1) *Lettres de vieillesse,* X, 2.

ÉPITRE A LA POSTÉRITÉ

Vous avez peut-être entendu parler de moi (quoiqu'il soit douteux qu'un nom si mince et si obscur traverse l'espace et le temps), et vous désirerez sans doute savoir qui j'étais et quel a été le sort de mes ouvrages, particulièrement de ceux dont la renommée est arrivée jusqu'à vous ou dont vous connaissez seulement le titre. Sur la première question, les voix seront partagées, car d'ordinaire chacun dans ses jugements suit non la vérité, mais son goût, et l'on ne met de bornes ni à l'éloge ni au blâme. Je suis un homme du commun, un chétif mortel, dont la naissance n'est ni des plus hautes ni des plus basses. Ma famille, comme l'a dit de lui l'empereur Auguste, est ancienne. Mon caractère n'était naturellement ni méchant ni impudent si la coutume contagieuse ne lui avait nui. L'adolescence m'a abusé, la jeunesse m'a entraîné, mais la vieillesse m'a corrigé. Elle m'a enseigné par l'expérience la vérité de cette parole que j'avais lue longtemps auparavant, à savoir que *la jeunesse et le plaisir ne sont que vanités* (1), ou plutôt cette leçon, je la dus au Créateur de tous les âges et tous les temps, qui laisse parfois les malheureux mortels s'égarer dans leur fol orgueil, afin que, se rappelant plus tard leurs péchés, ils se connaissent eux-mêmes. Dans ma jeunesse, mon corps ne fut pas très robuste, mais d'une grande dextérité. Ma figure, sans être d'une beauté remarquable, pouvait plaire dans la fleur de mon âge. Mon teint était frais, entre le blanc et le brun; mes yeux vifs; et ma vue fut longtemps très pénétrante; mais, contre mon attente, elle s'affaiblit tellement après ma soixantième année qu'il me fallut, à mon grand regret, recourir aux lunettes. Mon corps, qui jusque-là avait été très sain, fut envahi par la vieillesse et avec elle par le cortège ordinaire des infirmités.

(1) *L'Ecclésiaste*, xi, 10.

L'an 1304 de l'ère chrétienne, le lundi 20 juillet, au point du jour, je naquis dans l'exil à Arezzo, de parents honorables, originaires de Florence d'où ils étaient bannis. Leur fortune était médiocre, et, à dire vrai, voisine de la pauvreté. J'ai toujours méprisé souverainement les richesses, non que je ne voulusse pas des richesses, mais parce que je haïssais les peines et les soucis qui sont leurs compagnons inséparables. Je ne les aurais point enviées pour pouvoir faire bonne chère : avec une nourriture frugale et des mets simples j'ai vécu plus gaiement que tous les successeurs d'Apicius avec les festins les plus exquis. Les soi-disant repas qui ne sont que des parties de table ennemies de la tempérance et des bonnes mœurs, m'ont toujours déplu ; j'ai considéré comme une corvée et du temps perdu d'y inviter les autres et non moins d'y être invité par les autres. Mais manger avec des amis a pour moi tant de charme que rien ne m'est plus agréable que leur arrivée imprévue, et que je n'ai jamais mangé seul volontairement. Rien ne me déplaît plus que la pompe, non seulement parce qu'elle est mauvaise et contraire à l'humilité, mais parce qu'elle est gênante et ennemie du repos.

J'ai été en proie, dans mon adolescence, à un amour très violent, mais unique et honnête, et j'en aurais souffert plus longtemps si une mort cruelle, mais salutaire, n'eût éteint ma flamme, qui commençait à s'attiédir. Je voudrais bien pouvoir dire que les plaisirs des sens n'ont eu aucun empire sur moi, mais si je le disais je mentirais ; je puis affirmer sans crainte que, si l'ardeur de l'âge et du tempérament m'ont entraîné vers eux, j'en ai toujours détesté dans mon âme la bassesse. En approchant de ma quarantième année, alors que j'étais encore plein de feu et de vigueur, non seulement j'ai renoncé à l'œuvre de chair, mais j'en ai perdu tout souvenir, comme si je n'avais jamais regardé une femme. Je compte cela parmi mes plus grandes félicités, et je remercie Dieu qui, dans la force de mon âge, m'a délivré d'une servitude si vile et que j'ai toujours eue en horreur. Mais je passe à autre chose.

J'ai compris l'orgueil dans les autres, non en moi, et, quoique j'aie été un homme de peu de valeur, je me suis toujours estimé encore moins. Ma colère m'a bien souvent nui, jamais aux autres. Très avide d'amitiés honnêtes, je les ai cultivées avec la plus grande fidélité. Je m'en fais gloire hardiment, parce que je dis la vérité. D'un caractère très irritable, j'oublie aisément les offenses et je garde toujours le souvenir des bienfaits. J'ai eu le bonheur d'être admis dans la familiarité des princes et des rois, et de gagner l'amitié des grands jusqu'à exciter l'envie. Mais le supplice de ceux qui vieillissent, c'est de pleurer trop souvent la mort de leurs amis. Les plus grands rois de mon temps m'ont aimé et honoré; pourquoi? je l'ignore; cela les regarde. J'ai été avec quelques-uns pour ainsi dire sur un pied d'égalité, et j'ai retiré de leur élévation de grands avantages sans aucun désagrément. Toutefois j'ai fui plusieurs de ceux que j'aimais le plus; j'étais tellement possédé de l'amour de la liberté que je me suis éloigné à tout prix de ceux dont le nom seul me paraissait contraire à cette liberté.

J'ai eu un esprit facile plutôt que pénétrant, apte à toute étude bonne et salutaire, mais principalement enclin à la philosophie morale et à la poésie. J'ai négligé cette dernière avec le cours des années, séduit par la littérature sacrée, dans laquelle j'ai senti un charme secret que j'avais méprisé jadis, et j'ai réservé la poésie pour l'ornement. Je me suis adonné entre autres particulièrement à la connaissance de l'antiquité, et, n'était l'amitié que m'inspirent les personnes qui me sont chères, j'aurais préféré être né dans un tout autre âge, et, pour oublier celui-ci, je me suis toujours efforcé de vivre en imagination dans les temps anciens. Je me suis donc plu à la lecture des historiens, non toutefois sans être choqué de leur désaccord; je m'en suis rapporté, dans le doute, à la vraisemblance des faits ou à l'autorité des écrivains. Ma parole, a-t-on dit, était claire et puissante. A mon avis, elle était faible et obscure. Dans la conversation avec mes amis ou mes familiers, je n'ai jamais recherché l'éloquence, et je m'étonne que César Auguste ait pris un tel soin. Mais, quand la circonstance, le lieu ou l'auditeur ont paru l'exiger, j'ai fait quelque effort, avec quel succès, je ne saurais le dire; j'en laisse juges ceux devant qui j'ai parlé : pour moi, pourvu que ma vie fût bonne, je me souciais peu de la façon dont je parlais. C'est une gloire venteuse que d'attendre sa réputation du seul éclat des mots.

Voici comment la fortune ou ma volonté ont jusqu'à présent partagé mon temps. J'ai passé la première année de ma vie, pas entièrement, à Arezzo, où la nature m'avait fait naître, et les six suivantes à Incisa dans la maison de campagne de mon père, à quatorze milles au-dessus de Florence. Ma mère ayant été rappelée de l'exil, j'ai passé ma huitième année à Pise, ma neuvième et les suivantes dans la Gaule transalpine, sur la rive gauche du Rhône. Avignon est le nom de cette ville, où le pontife romain tient et a tenu longtemps l'Église du Christ dans un honteux exil. Il y a quelques années, Urbain V sembla l'avoir ramenée dans son siège; mais ce projet échoua, comme on le sait, et, ce qui m'indigne le plus, du vivant même de ce pape, comme s'il s'était repenti de cette bonne œuvre. S'il eût vécu un peu plus, il aurait senti à coup sûr ce que je pensais de son départ. J'avais déjà la plume à la main quand tout à coup il abandonna sa glorieuse entreprise avec la vie. Le malheureux! il aurait pu mourir heureusement devant l'autel de saint Pierre et dans son propre palais : car ou ses successeurs seraient restés dans leur siège, et il devenait l'auteur de cette bonne œuvre, ou ils en seraient partis, et son mérite eût été d'autant plus éclatant que leur faute aurait été plus frappante. Mais cette plainte est trop longue et incidente.

J'ai donc passé là, sur le bord du fleuve le plus battu des vents, mon enfance sous mes parents, et ensuite toute ma jeunesse sous mes vanités, non toutefois sans de grandes absences. A cette époque, je séjournai quatre ans entiers à Carpentras, petite ville voisine d'Avignon du côté du levant, et dans ces deux villes j'appris un peu de grammaire, de dialectique et de rhétorique, autant qu'on peut en apprendre à cet âge et qu'on en enseigne ordinairement dans les écoles : vous comprenez, cher lecteur, combien peu j'en appris. De là je me rendis à Montpellier, où je consacrai quatre autres années à l'étude des lois; puis à Bologne, où pendant trois ans j'entendis expliquer tout le corps du droit civil. On pensait généralement que j'aurais fait de grands progrès dans cette carrière si j'avais continué; mais je renonçai complètement à cette étude dès que je ne fus plus sous la tutelle de mes parents. Ce n'est pas que les lois me déplaisent, car leur autorité, sans contredit, est grande, et elles sont pleines de l'antiquité romaine, qui fait mes délices, mais c'est que leur usage est dépravé par la méchanceté des hommes. J'ai donc regretté d'apprendre une chose dont je ne voulais pas me servir malhonnêtement, dont je ne pouvais guère me servir honnêtement, et qui, si je l'eusse voulu, aurait fait attribuer mon honnêteté à l'ignorance.

A l'âge de vingt-deux ans, je revins dans ma patrie. J'appelle ma patrie cet exil d'Avignon, où j'avais été dès la fin de ma première enfance, car l'habitude devient une seconde nature. Là je commençai à être connu, et mon amitié fut recherchée par de grands personnages; pourquoi? j'avoue maintenant que je l'ignore et que cela m'étonne; il est vrai qu'alors cela ne m'étonnait pas, car, selon la coutume de la jeunesse, je me croyais très digne de tous les honneurs. J'ai été recherché principalement par la noble et célèbre famille des Colonna qui fréquentait alors la curie romaine, ou pour mieux dire qui l'illustrait. Introduit dans cette famille, j'y fus traité avec une considération qui ne me serait peut-être pas due maintenant, mais qu'alors je ne méritais certainement pas. Emmené en Gascogne par l'illustre et incomparable Jacopo Colonna, alors évêque de Lombez, dont je n'ai pas vu et ne verrai peut-être pas le pareil, j'ai passé au pied des Pyrénées un été presque céleste, dans la compagnie charmante du maître et de sa suite, de sorte que je soupire toujours en me rappelant ce temps-là. A mon retour, j'ai vécu pendant plusieurs années sous son frère le cardinal Giovanni Colonna, non comme sous un maître, mais sous un père ; je me trompe, j'ai vécu avec lui comme avec le frère le plus tendre, ou, pour mieux dire, comme avec moi-même et dans ma propre maison.

A cette époque, un goût juvénile me poussa à visiter la France et l'Allemagne. Pour faire approuver mon départ à mes supérieurs, je prétextai différents motifs, mais la véritable cause était le désir ardent de voir beaucoup de choses (1). Dans mes voyages, je vis d'abord Paris, et je me plus à rechercher ce qu'il y avait de vrai ou de fabuleux dans ce que l'on racontait de cette ville. En revenant de là, je me rendis à Rome, que je désirais ardemment visiter dès mon enfance. J'y trouvai Stefano Colonna, le magnanime chef de cette famille, homme comparable à n'importe lequel des anciens. Je lui fis ma cour, et il me témoigna tant d'amitié qu'entre moi et l'un de ses fils on n'aurait fait aucune différence. L'affection et l'attachement de ce grand homme envers moi sont demeurés constamment les mêmes jusqu'à la fin de sa vie ; son souvenir vit encore maintenant en moi, et il ne s'éteindra pas avant

(1) Il avoue, dans le III⁵ dialogue de *Mon Secret*, que la véritable cause de ses voyages fut de combattre par l'éloignement sa passion pour Laure.

que je ne m'éteigne moi-même. A mon retour fatigué de tout, mais ne pouvant supporter le dégoût et l'aversion que je ressens naturellement au fond de l'âme pour la ville la plus ennuyeuse du monde (1), je cherchai une retraite où je pusse me réfugier comme dans un port. Je rencontrai une vallée très étroite, mais solitaire et agréable, nommée Vaucluse, distante de quinze milles d'Avignon, et où la reine de toutes les fontaines, la Sorgues, prend sa source. Séduit par l'agrément du lieu, j'y transportai mes livres et ma personne.

Il serait trop long d'énumérer ce que je fis là pendant maintes années. En résumé, presque tous les opuscules qui sont sortis de ma plume (et le nombre en est si grand qu'ils m'occupent et me fatiguent encore jusqu'à cet âge) ont été faits, commencés ou conçus là. Mon esprit, de même que mon corps, a eu plus de dextérité que de vigueur. Aussi ai-je renoncé à plusieurs ouvrages dont le projet m'avait paru facile, mais dont l'exécution était difficile. L'aspect des lieux me suggéra d'écrire un poème bucolique, œuvre pastorale, et les deux livres de la *Vie solitaire*,

---

(1) Avignon.

dédiés à Philippe (1), toujours grand homme, mais alors petit évêque de Cavaillon, aujourd'hui grand évêque de Sabine et cardinal. Dernier survivant de tous mes vieux amis, il m'a aimé et m'aime non *en évêque*, comme Ambroise aima Augustin (2), mais en frère. En me promenant sur ces montagnes un vendredi saint, l'idée me vint sérieusement de composer un poème héroïque sur le premier Scipion l'Africain, dont le nom, je ne sais pourquoi, m'a été cher dès mon enfance. Je commençai alors cette œuvre avec une ardeur extrême; puis, distrait par d'autres soins, je l'interrompis. J'intitulai ce livre l'*Afrique*, du nom du sujet, et je ne sais par quelle faveur attachée soit à moi, soit au poème, il fut fort prisé avant d'être connu.

Pendant mon séjour dans ces lieux, chose étonnante, il m'arriva le même jour des lettres du sénat de Rome et du chancelier de l'Université de Paris (3) m'appelant à l'envi, l'une à Rome et l'autre à Paris, pour recevoir la couronne de laurier poétique. Tout fier de ces lettres comme un jeune homme, je me jugeai digne d'un

---

(1) Philippe de Cabassole.
(2) *Confessions*, V, 13.
(3) Robert de Bardi.

honneur dont de si grands personnages m'avaient
jugé digne, et je n'envisageai pas mon mérite,
mais les témoignages d'autrui. Cependant j'hésitai un instant sur la question de savoir à qui
je donnerais la préférence. Je sollicitai là-dessus,
par une lettre, l'avis du cardinal Giovanni
Colonna, dont j'ai parlé plus haut. Il se trouvait
si près de moi que, quoique je lui eusse écrit
dans la soirée, je reçus sa réponse le lendemain
avant neuf heures du matin. D'après son conseil,
je résolus de préférer à tout l'autorité de la ville
de Rome ; les deux lettres que je lui ai adressées
pour approuver son avis existent encore (1).

Je partis donc, et, quoique, selon la coutume
des jeunes gens, je fusse un appréciateur très
bienveillant de mes travaux, je rougis toutefois
de m'en rapporter sur moi-même à mon propre
témoignage ou à celui des personnes qui m'avaient
appelé, ce qu'elles n'eussent point fait sans doute,
si elles ne m'avaient pas jugé digne de l'honneur
qu'elles m'offraient. C'est pourquoi je résolus de
me rendre d'abord à Naples, et je me présentai
devant le très grand roi et philosophe Robert,
non moins célèbre par son savoir que par sa

---

(1) *Lettres familières*, IV, 4 et 5.

couronne, le seul monarque ami de la science et de la vertu qu'ait possédé notre siècle, afin qu'il prononçât son jugement sur moi. La haute opinion qu'il conçut de moi et le cordial accueil qu'il me fit m'étonnent maintenant, et, si vous en aviez été témoin, lecteur, vous en seriez étonné vous-même. En apprenant la cause de mon arrivée, il fut transporté de joie : il était flatté de cette marque de confiance d'un jeune homme, et peut-être songeait-il que l'honneur que j'allais recevoir rejaillirait sur lui, puisque de tous les humains je l'avais choisi comme le seul juge compétent. Bref, après de nombreux entretiens sur différentes choses, et lorsque je lui eus montré mon *Afrique*, dont il fut si enchanté qu'il me demanda comme une grande faveur de la lui dédier, ce que je ne pouvais ni ne voulais certainement pas lui refuser, il me fixa enfin un jour pour le sujet qui m'avait amené et il me tint depuis midi jusqu'au soir. Et, comme, en raison de l'étendue de la matière, ce temps parut court, il en fit autant les deux jours suivants. Après avoir ainsi pendant trois jours scruté mon ignorance, le troisième jour il me jugea digne de la couronne de laurier. Il me l'offrait à Naples, et il insistait à force de prières pour obtenir mon consentement. L'amour de Rome triompha des respectables instances d'un si grand roi. Voyant donc que ma résolution était inflexible, il me donna pour le sénat romain des messagers et une lettre dans laquelle il déclara son jugement sur moi dans les termes les plus favorables. Ce jugement royal était alors conforme à celui de plusieurs, et surtout au mien ; aujourd'hui je n'approuve ni ce jugement ni le mien, ni celui de toutes les personnes qui le partageaient. L'amitié que l'on me portait et l'intérêt qu'inspirait ma jeunesse y contribuèrent plus que l'amour de la vérité. Je partis néanmoins, et, malgré mon indignité, plein de confiance dans un jugement d'une si grande autorité, quoique je ne fusse encore qu'un écolier ignorant, je reçus la couronne de laurier poétique, à la grande satisfaction des Romains qui purent assister à cette solennité (1). Il existe sur cet événement des lettres de moi en vers et en prose (2). Cette couronne de laurier ne me procura point de science, mais beaucoup d'envie. L'histoire en serait trop longue pour trouver place ici.

(1) Le couronnement de Pétrarque au Capitole eut lieu le 8 avril 1341.
(2) *Epîtres*, II, 1 ; *Lettres familières*, IV, 7.

En quittant Rome, je me rendis à Parme, où je passai quelque temps auprès des seigneurs de Correggio, pleins de libéralité et de bonté pour moi, mais ne s'accordant point entre eux. Ils gouvernaient alors cette ville avec une douceur qu'elle n'avait point connue auparavant de mémoire d'homme, et que, selon moi, elle ne connaîtra point pendant ce siècle. Me souvenant de l'honneur que j'avais reçu, je craignais qu'il ne parût décerné à un indigne. Un jour, après avoir gravi les montagnes, je traversai la rivière d'Enza, dans le territoire de Reggio, et je pénétrai dans la Selvapiana (1). Frappé tout à coup de la beauté du site, je me remis à l'*Afrique*, que j'avais interrompue. Ma verve, qui semblait assoupie, s'étant réveillée, j'écrivis ce jour-là quelques vers, puis quelques autres chaque jour qui suivit. Ensuite, de retour à Parme, ayant rencontré une maison retirée et tranquille, que j'achetai plus tard et qui m'appartient encore, je conduisis mon œuvre à terme avec une si grande ardeur et en si peu de temps qu'aujourd'hui j'en suis moi-même étonné. De là je retournai vers la fontaine de la Sorgues, et je revins vers ma soli-

(1) Forêt unie.

tude transalpine en laissant derrière moi ma trente-quatrième année (1). Je vécus longtemps à Parme et à Vérone, et partout, grâce à Dieu, je fus aimé beaucoup plus que je ne méritais.

Depuis longtemps, sur le bruit de ma réputation, j'avais gagné la faveur de Jacques de Carrare le jeune, homme excellent, qui parmi les seigneurs ses contemporains n'a peut-être pas son pareil, je dis plus, qui, j'en suis sûr, ne l'a pas. M'adressant des messagers et des lettres jusqu'au delà des Alpes, quand j'y étais, et en Italie, en quelque lieu que je fusse, pendant nombre d'années il m'a fatigua tellement de ses prières et de ses offres d'amitié que, bien que je n'attendisse rien des riches, je résolus enfin d'aller le trouver et de voir ce que signifiaient ces instances extraordinaires d'un grand personnage que je ne connaissais pas. Je me rendis donc, tardivement il est vrai, à Padoue, où je fus accueilli par cet homme de si noble mémoire non seulement avec bonté, mais comme les âmes bienheureuses sont reçues dans le ciel, avec tant de joie, avec une

(1) Il y a ici une altération du texte. Pétrarque avait trente-sept ans lorsqu'il fut couronné au Capitole. Son départ de Parme étant postérieur à cet événement, il avait plus de trente-quatre ans.

affection et une tendresse si inappréciables que, ne pouvant les exprimer par des paroles, il faut les renfermer dans le silence. Entre autres, sachant que j'avais mené dès mon enfance une vie cléricale, pour m'attacher plus étroitement non seulement à sa personne, mais encore à ma patrie, il me fit nommer chanoine de Padoue; et, en somme, si sa vie eût été plus longue, j'aurais mis un terme à mes voyages et à mes pérégrinations. Mais, hélas! rien n'est durable ici-bas, et s'il se présente quelque douceur, elle finit bientôt par l'amertume. Deux ans ne s'étaient pas écoulés que Dieu l'enleva à moi, à sa patrie et au monde, qu'il avait déjà quitté parce que ni moi, ni sa patrie, ni le monde (l'amitié ne m'aveugle pas), n'étions dignes de lui. Et quoiqu'il ait eu pour successeur son fils, homme très sage et très distingué, qui, marchant sur les traces de son père, me témoigna toujours de l'amitié et de la considération, toutefois, après avoir perdu celui avec lequel je m'accordais le mieux, surtout à raison de l'âge, je retournai de nouveau en France, moins dans le désir de revoir ce que j'avais vu mille fois que dans l'intention de soulager mes ennuis, comme font les malades, par le déplacement.

LETTRES DE VAUCLUSE

PREMIÈRE PARTIE

ÉPITRES EN VERS

I (1). — *Au P. Dionigio Roberti,
moine Augustin* (2).

Description poétique de la fontaine de Vaucluse, qu'il l'engage à visiter.

Si l'aspect d'une fontaine fraîche et limpide, si les retraites profondes et mystérieuses des bois, peuplées de divers animaux sauvages, demeure agréable aux Dryades et aux Faunes, si ces

(1) *Epîtres*, I, 4.
(2) Il enseigna avec succès la philosophie et la théologie dans l'université de Paris. Pétrarque le choisit pour son directeur spirituel.

grottes sous des rochers exposés au soleil, favorables aux poëtes sacrés, ne vous charment point ; si la douceur du climat, si la cime escarpée de la montagne qui se perd dans les nues, si Bacchus couronné de feuilles sur les coteaux, si l'arbre de Minerve ou celui de Vénus (1) sont pour vous sans attrait ; si les prairies qui couvrent les deux rives, ombragées de peupliers, émaillées de fleurs sans nombre et de plantes d'une verdure agréable, ne séduisent point vos yeux ; si la rivière qui sépare ces champs, qui, en roulant ses eaux inépuisables, remplit Vaucluse d'un murmure qui invite au sommeil, qui voit des deux côtés mille danses des nymphes et qui entend sur ses bords autant de chants des Muses, vous laisse insensible ; si la tourterelle qui d'une voix rauque gémit sur son amie mourante comme si elle envoyait une offrande à cette ombre chérie ; si Philomèle qui raconte son destin cruel, sa langue arrachée, son honneur ravi, et l'horrible Térée quand, perchée au haut d'un orme touffu, elle répète d'un ton plaintif son chant pieux et doux, qu'elle passe les nuits sans sommeil et fuit le repos ; si Progné qui, voltigeant dès l'aurore, dé-

(1) L'olivier ou le myrte.

plore tout à la fois la fureur de son époux, son propre forfait, le malheur de sa sœur et la mort imméritée de son fils, en voyant sa poitrine maternelle tachée d'un sang qu'elle connaît, et qui, hirondelle diligente, parcourt sans cesse l'intérieur des maisons et les cours en se hâtant comme si elle voyait son ennemi (1); si tout cela, dis-je, vous est indifférent; si une foule de jeunes Narcisses, qui, le visage épanoui, admirent leur beauté dans une fontaine et se penchent éperdument sur ce miroir aquatique; si Actéon, les cornes dressées, fuyant ses compagnons et les chiens à travers les sentiers impraticables des bois; si Scylla qui coupa, dit-on, le cheveu de pourpre de son père, s'élevant jusqu'aux nues avec un chant saccadé pour épier de loin du haut des airs Nisus qui veut se venger d'elle (2); si Cycnus (3) qui, en disant qu'on lui a enlevé l'Hespérie, plonge assidument du haut du rivage et semble désirer la mort; si l'écuyer aérien de

---

(1) Voir le livre VI des *Métamorphoses* d'Ovide. Térée, ennemi de Progné, fut changé en huppe.

(2) Voir le livre VIII des *Métamorphoses* d'Ovide. Scylla et Nisus furent métamorphosés, l'une en alouette, l'autre en épervier.

(3) Roi de Ligurie, métamorphosé en cygne.

Jupiter (1) debout sur ces rochers et réparant son nid annuel pour sa progéniture à venir, si rien de tout cela ne vous plaît, si de plus mon amitié et ma tendresse n'ont pu, mon père, en vous priant, fléchir un peu la dureté de votre résolution et ébranler votre âme inflexible, afin que, quittant les splendeurs de la Cour romaine, vous vissiez notre retraite et que, prenant pitié de votre ami solitaire, vous vinssiez visiter pendant quelques jours son toit fidèle en le jugeant digne de la présence d'un si bon maître, si toutes mes prières ont été vaines, voici enfin la dernière qui fera main basse sur elle; elle enchaînera votre cœur dur et, malgré vos hésitations, vous tirera jusqu'ici par un solide grappin.

Près de la fontaine transparente s'élève un énorme peuplier qui de la voûte épaisse de ses branches ombrage à la fois la rivière, les bords et plusieurs arpents voisins. On raconte que jadis, en cet endroit, le grand Robert, épris des charmes du lieu, les yeux et l'esprit frappés de la nouveauté du spectacle, reposa longtemps sur un tertre fleuri ses membres fatigués et sa tête chargée de soucis, et loua le silence de cette

(1) L'aigle.

petite campagne. A ses côtés était la reine son épouse (1), à qui nulle déesse devant un juge équitable n'ôtera la palme méritée, soit de la beauté, soit de la naissance. Il y avait aussi Clémence (2), veuve de son noble époux, un cercle de grands seigneurs, une foule de chevaliers, et un essaim de belles jeunes filles. Pendant que les uns courent en gambadant à travers les prés, forment des jeux et s'amusent à puiser dans leurs mains de l'eau fraîche qu'ils jettent au visage de leurs compagnons, les autres s'enfoncent rapidement dans l'épaisseur des bois et harcèlent avec leurs chiens les animaux sauvages. Ceux-ci prennent des poissons à l'hameçon ou jettent au loin leurs filets; ceux-là boivent et chassent l'ennui par le joyeux Bacchus. D'autres se plaisent tantôt à étendre sur l'herbe leurs membres fatigués, tantôt à fermer les yeux pour goûter un léger sommeil.

Seul, le roi, nourrissant au fond de son âme d'autres soucis, tenait le front et les yeux baissés

---

(1) Sanche d'Aragon, fille de Jacques, roi de Majorque, que Robert II avait épousée en secondes noces, en 1305, après avoir perdu Yolande d'Aragon, cousine de Sanche.

(2) Clémence de Hongrie, veuve de Louis X, roi de France, et nièce de Robert II.

vers la terre. Peut-être commençait-il déjà à rechercher les causes d'un phénomène et se demandait-il tout bas sous l'influence de quel astre le fleuve surgissait avec tant d'impétuosité, puis modérait son cours ; avide et haletant de savoir, il pénétrait, guidé par son génie, dans les entrailles de la terre immense. Peut-être adressait-il à sa fortune ces sublimes paroles : « Pourquoi me suggérer de fausses douceurs et jeter sur moi, perfide, des regards caressants? Je sais que je suis mortel, quoique tout le monde sans exception me décerne le diadème d'une voix unanime. Je sais que tu es rarement fidèle, et fusses-tu souriante envers moi aussi longtemps que tu l'as été envers Métellus (1), la mort fera disparaître tout cela et brisera tes dons d'un seul coup. Nul fleuve ne coule avec plus de rapidité que le temps de la vie, toutefois les fleuves renouvelés dans leurs sources restent éternellement ; la vie, en nous quittant, où va-t-elle ? Elle va d'où elle serait revenue un jour, si le vainqueur de la mort qui jadis entré dans le Tartare en sortit triomphant, retirant par force ses membres de son sépulcre fermé, entraînant avec lui la troupe heureuse des

---

(1) Q. Métellus, dit le Macédonique, mourut comblé d'honneurs dans une extrême vieillesse, en 115 avant J.-C.

saints et emmenant au ciel les ombres épuisées par de longs tourments, n'eût effacé la crainte dans nos cœurs et ne nous eût donné l'espoir de ressusciter après notre mort. » Ce sage roi faisait sans doute toutes ces réflexions. Ou bien ce prince magnanime, se rappelant une indigne trahison, figurait par ce petit fleuve Scylla et Charybde, là où la mer sépare les côtes de la Sicile du rivage de la Calabre et où l'onde reflue avec un horrible fracas, puis il menaçait le tyran sicilien (1) d'un juste et terrible châtiment. Enfin, quelles que fussent les pensées de ce héros, elles ne pouvaient qu'être sublimes et au-dessus de l'humanité. Les villageois qui se souviennent encore de lui montrent ses traces sur la rive verdoyante et le peuple des campagnes les adore.

Si vous le pouvez, restez donc ; mais vous ne le pouvez pas. O excellent père, qui m'êtes plus cher que la vie, et que pour cela j'ai tant désiré en vain, venez voir non ma personne mais le siège charmant d'un roi vénérable que les années n'ont point encore détruit. Les habitants de la contrée vous le montreront du doigt avec orgueil, et leurs neveux, croyez-moi, le célébreront par

---

(1) Frédéric II, d'Aragon, qui s'était fait nommer roi de Sicile au mépris des droits de Robert II, d'Anjou.

autres honneurs, quand la génération présente poussée par derrière aura disparu.

II (1). — *A Philippe de Cabassole, évêque de Cavaillon.*

Il l'invite à partager sa retraite à Vaucluse.

Exilé d'Italie par les fureurs civiles, je suis venu ici (2), moitié libre, moitié contraint. Ici, j'ai une forêt, des fleuves, les loisirs d'une campagne agréable, mais je n'ai point mes compagnons fidèles, ni leurs visages sereins. Je me réjouis d'un côté, je m'afflige de l'autre ; loin des amis rien n'est doux, mais je me félicite d'avoir pu m'établir dans des lieux connus. Là j'ai été enfant, là j'ai été jeune, là s'écoulera le soir de mes jours. Car si la renommée ne se hâte pas de répandre de bonnes nouvelles, j'ai résolu de passer dans votre domaine (3) ce qui me reste à

---

(1) *Épitres*, I, 6.
(2) A Vaucluse.
(3) L'évêque de Cavaillon était seigneur suzerain du village de Vaucluse.

vivre, à l'abri des guerres et des tristes procès. Là sera la terre de ma patrie, cher Philippe, vénérable prélat ; là, ma montagne de l'Hélicon ; là, ma fontaine Aganippe (1). Là, j'ai laissé se reposer les Muses fugitives et fatiguées, et vous y trouverez un asile avec moi, si vous voulez l'accepter. Si les livres peuvent faire trêve à vos soucis, ils me feront oublier à moi une guerre désastreuse. Là nous retrouverons, vous Naples, et moi ma chère Parme, que ne troubleront ni les embûches ni l'appel aux armes (2).

Que d'autres aiment les richesses, moi j'aspire à une vie tranquille ; celui-ci veut un trône, celui-là le repos ; il me suffit d'être poète, titre assez commun pour ne pas craindre d'en augmenter le nombre. Et vous, las des honneurs, ne songerez-vous jamais au repos ? Vous allez et venez, sillonnant la mer sur un navire battu des flots. Ne voyez-vous pas combien la mort est à craindre ? Ne voyez-vous pas les périls et les difficultés de la cour ; comme la faveur y est trompeuse, de

---

(1) Source du Permesse, fleuve de Béotie sortant de l'Hélicon.

(2) Philippe de Cabassole était alors chargé d'une négociation auprès de la cour de Naples ; Pétrarque venait de quitter Parme en proie à la guerre civile.

combien de soucis le seuil en est semé? Arrêtez vos pas, je vous le conseille ; fuyez les dangers d'un monde misérable, pendant qu'un vent propice enfle vos voiles. Ici, croyez-moi, mon père, vous vivrez dans la paix et la tranquillité. Je vous rappelle à votre domaine ; ce qu'exige le besoin, vous l'aurez. Laissons aux avares tremblants le soin du superflu ; le doux éclat de l'or enchaîne le cœur de nœuds amers. Les murs ne seront point couverts de tapisseries, mais les corps seront vêtus simplement ; il y aura des aliments nourrissants et non des mets, fléau de l'estomac. On ne montera point sur le lit par des marches d'ivoire, mais il recevra les membres fatigués par les travaux du jour. Vous ne verrez point briller la pourpre sur une couche pleine de soucis ; vous n'aurez point un lit de marbre éclatant de blancheur. Vous ne foulerez ni les diamants ni la pourpre, mais des prairies couvertes d'un vert gazon et entourées d'un fleuve naissant.

Vous qui avez reçu du ciel un esprit fécond, vous verrez ce que vous avez à faire. Pour moi, je suis résolu à mettre à sec ma barque fragile ; l'heure dernière de la mort m'avertit de ne point gagner le large et de me contenter de mes petits jardins. Ceux-ci ne laissent pas de porter des marques de la négligence du colon ; les arbres consumés de vieillesse demandent à être remplacés, afin que, quand viendra bientôt le temps où les goûts juvéniles ne sont plus de saison, nous nous reposions ici, si toutefois notre vie se prolonge. Les branches chargées de fruits nous verseront une ombre très agréable pendant que nous explorerons avec nos hameçons le creux des rochers. Vaucluse nous fournira de tout en abondance ; ajoutez-y des pêches, des pommes, des poires, ornement du dessert. Ordonnez à vos gens, je vous prie, de rechercher les arbres qui donnent ces fruits, et n'hésitez point à amasser des armes pour la vieillesse peu robuste.

Voilà ce que vous a écrit dans les bois, très digne prélat, votre ami étranger ou exilé, je ne saurais dire lequel, sur les bords de la Sorgues.

III (1). — *A Jacopo Colonna,*
évêque de Lombez.

Ses vains efforts pour combattre sa passion. Sa vie à Vaucluse. Jouissances de l'étude.

Vous désirez savoir ce que je fais, quelle est ma

(1) *Épîtres*, 1, 7.

vie et où en sont mes affaires. Je ne vous cacherai point la vérité, je vous parlerai sans détour, car c'est à moi-même que je parle. Sans vanité, je ne désire rien, je suis content de la vie que je mène. Et d'abord je fais bon ménage avec la pauvreté d'or, en vertu d'un pacte agréable ; c'est une hôtesse ni sordide, ni importune. Que la fortune me conserve, si elle veut, mon petit champ, mon humble toit et mes livres chéris ; qu'elle garde le reste ou, si cela lui plaît, qu'elle emporte le tout sans bruit : il est à elle. Je ne réclame point les champs et les richesses de mon père (1), pesant fardeau pour qui gravit les hauteurs, lourdes chaînes de l'âme, aliments de tous les maux. Que la fortune ne touche point à mes trésors poétiques et qu'elle respecte mes loisirs dépourvus de tout appareil fastueux. Je n'envie absolument rien, je ne hais personne, je ne méprise personne plus profondément que moi, quoique jusque-là j'aie méprisé tout le monde et me sois élevé au-dessus des astres. Ainsi vont les choses humaines.

J'ai maintenant mille preuves de ce que je suis,

---

(1) Le père de Pétrarque avait été banni de Florence, sa patrie, et tous ses biens avaient été confisqués.

si mes illusions ne me trompent point. A quoi me sert-il en effet d'avoir étanché un peu ma soif à la fontaine des Muses, si une autre soif plus grande me brûle et me dévore éternellement les entrailles? A quoi bon, couché souvent dans les grottes de l'Hélicon, m'être moqué de loin des soucis insensés du vulgaire, si je suis possédé d'un autre souci sans récompense ni repos? A quoi bon une belle figure si l'âme est troublée? J'ai en vérité bien des raisons d'être heureux (et ma langue, je l'avoue, n'a pas la force d'en rendre à Dieu de justes actions de grâces), si un souci cuisant et perpétuel ne me rongeait malheureusement le cœur. Je crois voir d'ici vos joues baignées de larmes de tendresse, si vous m'êtes bien connu par une longue intimité. Mais comme à la façon d'un père vous voulez connaître tout ce qui me touche, l'amitié pousse ma plume et je ne puis résister à vos ordres. Je parlerai et vous m'aiderez peut-être de vos conseils; il m'est doux de soulager mon âme par des plaintes amères.

Derrière mon imagination est une femme très célèbre par sa vertu, distinguée par sa naissance, que mes vers ont embellie et fait connaître au loin (1). Mais cette femme revient en face de moi d'un air menaçant, elle me remplit de mille terreurs et ne paraît pas encore vouloir descendre de son trône. Elle s'était jadis emparée de mon âme sans aucun artifice, mais par la simplicité de ses charmes et l'attrait d'une rare beauté. J'avais traîné pendant deux lustres (2) ma lourde chaîne, la tête courbée, en m'indignant qu'une femme ait pu me tenir dans un pareil servage pendant tant d'années. Consumé par une langueur secrète, j'étais devenu tout autre ; la flamme s'était glissée doucement jusqu'au fond de mes entrailles, je désirais mourir et mes membres desséchés me soutenaient à peine. Enfin l'amour de la liberté s'empara du cœur d'un malheureux amant ; je résolus de tuer dans mon âme cette passion hostile et je fis de violents efforts pour rompre mon joug. C'était une tâche difficile que de chasser une maîtresse du logis qu'elle occupait depuis dix ans et d'attaquer un ennemi puissant avec des forces épuisées. J'essayai cependant, Dieu lui-même me vint en aide ; il me permit de dé-

---

(1) Laure de Noves, mariée à Hugues de Sade en 1325, et morte à Avignon en 1328.
(2) 1327-1337.

gager mon cou d'un nœud invétéré et de sortir vainqueur d'un si rude combat. Tandis que cette femme blessée veut faire main basse sur son esclave fugitif et fond sur lui avec larmes, tandis que ses yeux brillant d'un doux éclat voilent à dessein leurs feux et leurs traits, que de fois, hélas! elle m'a forcé de tomber indécis sur la route que je suivais !

Que faire donc? Par quels moyens lui résister? Elle me préparera de nouveau de plus lourdes chaînes. Je m'enfuis et je me mets à parcourir tout l'univers. J'osai traverser les tempêtes de l'Adriatique et de la mer de Toscane, je ne craignis point de confier à une barque tremblante ma tête arrachée au joug. Quel mal une mort prématurée pouvait-elle me faire à moi vaincu par les souffrances et las de la vie? Je me dirige vers le couchant, et la cime des Pyrénées me voit d'en haut caché dans ses herbages exposés au soleil. L'Océan me voit aussi là où le soleil, fatigué de sa course, baigne dans la mer d'Hespérie son attelage fumant et où, découvrant le mont pétrifié par un regard de Méduse (1), il projette du haut des rochers une ombre immense

(1) Le mont Atlas.

et plonge les Maures dans une nuit hâtive. Me tournant ensuite du côté de l'Ourse et de Borée, vers des peuples parlant des langues différentes, je vais seul là où l'onde agitée de la mer de Bretagne bat par son flux et reflux des terres douteuses où le sol glacé ne sent point l'effet salutaire de la charrue et écarte des coteaux Bacchus et Cérès; terre que recouvrent à peine de stériles bruyères. Que me restait-il à faire, sinon de m'enfoncer dans les déserts affreux brûlés par le soleil, de visiter les repaires des serpents, de voir de loin sous le milieu de la voûte céleste les Éthiopiens mettant à nu leurs épaules noircies par le Lion ardent, ou de découvrir dans quel coin ténébreux de la terre la nature a caché la source inconnue du Nil cherchée depuis tant de siècles? La douleur, la colère et la crainte, ces flots de mon âme, commencèrent à se calmer par l'absence; bientôt un sommeil tranquille ferma mes yeux humides et de rares sourires illuminèrent mon front qui n'y était plus fait. Déjà l'image de l'abandonnée s'offrait à mon imagination moins fréquente et moins impérieuse. Hélas! que vais-je dire? Mais vous m'y forcez. Je croyais pouvoir mépriser impunément les coups terribles et les aiguillons d'un fol amour. Une légère cicatrice qui s'était formée sur ma plaie et le repos inaccoutumé du mal me trompaient. Je lève ma tente et je retourne à une mort certaine. C'est ainsi que me poussait le destin cruel, c'est ainsi que mon illusion entraînait mon âme et moi.

A peine m'étais-je arrêté aux confins de la ville aimée (1), que l'ancien fardeau de mes peines retomba dans mon cœur vide et que la contagion de mon horrible maladie reparut. Que vous dirai-je? Par où commencerai-je, hélas! le récit de mes secondes larmes? Qui me croira? Avec quel art expliquerai-je dans mes vers combien de fois la douleur m'a poussé soit à invoquer la mort, soit à prendre un parti violent, et quelles souffrances m'a imposées le désir de recouvrer ma liberté? Je me tairai donc. Mais lorsque les dernières chaînes tombèrent enfin de mon cou, tout mon espoir se tourna du côté de la fuite. Jamais nautonier n'a craint un écueil nocturne autant que je redoute maintenant le visage de cette femme, ses paroles qui remuent le cœur, sa chevelure d'or, le collier de son cou de neige, ses épaules légères et ses yeux qui plaisent tout

(1) Avignon.

en donnant la mort. Qu'ai-je fait pour que la colère céleste ait rendu impuissants mes troisièmes vœux (1)? Dois-je suspendre dans le temple saint la moitié de ma v..e ou les lambeaux de ma tunique toute trempée? Dois-je ériger sur une tablette d'ivoire mon image de cire dans la posture d'un suppliant?

Pendant que je me livrais à ces réflexions, j'aperçus de loin ce rocher sur un rivage écarté et je crus que c'était un poste sûr et excellent contre mes naufrages. J'y fis voile aussitôt. Maintenant caché dans ces montagnes, j'examine en moi-même avec larmes les années de ma vie passée. Cependant cette femme me poursuit derechef et, revendiquant ses droits, tantôt elle s'offre à mes yeux pendant que je veille, tantôt d'un front menaçant elle trompe par de vaines terreurs mon sommeil léger. Souvent même, chose merveilleuse, ma porte étant fermée à triple verrou, elle fait irruption dans ma chambre au milieu de la nuit, réclamant tranquillement son esclave. Mes membres se glacent, et soudain le sang ré-

---

(1) Allusion à sa triple fuite d'Avignon pour combattre son amour : la première en 1333, la deuxième en 1336 et la troisième en 1337, quand il vint se fixer à Vaucluse.

pandu dans mon corps reflue de toutes mes veines pour protéger la citadelle de mon cœur. Il est certain que si quelqu'un apportait par hasard une lampe rayonnante, on verrait sur mon visage endormi une pâleur mortelle, indice d'une âme saisie d'effroi. Je me réveille tout effaré, versant un torrent de larmes, et je saute à bas du lit. Sans attendre que la blanche épouse de Tithon (1) paraisse peu à peu à la voûte étoilée, je quitte l'intérieur suspect de mon habitation. Je gagne la montagne et les bois, promenant mes regards autour de moi et en arrière pour voir si celle qui était venue troubler mon repos, s'acharnant à ma poursuite, ne m'avait pas devancé. Mes paroles trouveront foi difficilement. Puissé-je échapper sain et sauf à ces embûches, comme il est vrai que souvent, quand je crois être le plus seul dans les profondeurs de la forêt, les branchages même et le tronc d'un chêne écarté me représentent son image redoutable. Il m'a semblé qu'elle émergeait d'une fontaine limpide ; elle a brillé au-devant de moi sous les nuages ou dans le vide de l'air, et en croyant la voir s'élancer vivante d'un rocher massif, mes pas se sont arrêtés suspen-

(1) L'Aurore.

dus par la crainte. Tels sont les pièges que me tend l'amour. Il ne me reste aucun espoir, à moins que Dieu tout-puissant ne me délivre de tant d'assauts, et qu'après m'avoir arraché de ses mains à la rage de mon ennemi, il ne veuille que je vive du moins en paix dans cette retraite.

En voilà assez, mais vous désirez en savoir plus. Voici maintenant pour le reste le détail succinct de tous les jours de ma vie. J'ai une table frugale qu'assaisonnent la faim, la fatigue et de longs jeûnes. Mon métayer est mon serviteur; j'ai pour tout compagnon moi-même et un chien, animal fidèle; tous les autres ont été épouvantés de ce lieu d'où est bannie la Volupté armée des traits de Cupidon, qui réside au sein des villes opulentes. Les Muses, revenues de l'exil, habitent avec moi dans cet asile écarté. Il ne survient que de rares visiteurs, attirés seulement par les merveilles incomparables de la fameuse fontaine. Quoique je sois ici depuis une année, à peine ai-je réuni une ou deux fois à Vaucluse mes amis tant désirés. Le lieu a vaincu l'amitié. Mais de fréquentes lettres viennent me visiter; elles me parlent dans ma solitude, au coin du feu, pendant les longues nuits, et sous de frais ombrages en été ; c'est avec elles que je converse le jour, avec elles que je m'entretiens la nuit. Adieu les tête-à-tête. Les broussailles, les neiges et mes repas éloignent les visiteurs habitués à la mollesse d'une capitale. Depuis que j'ai embrassé cette vie dure, mes compagnons dévoués et mes serviteurs fidèles m'ont abandonné. Si l'amitié attire quelques personnes, elles me consolent comme si j'étais enchaîné dans une prison et s'enfuient au plus vite. Les paysans s'étonnent que j'ose mépriser des jouissances qu'ils considèrent comme le bonheur suprême.

Ils ne connaissent pas mes joies et mes plaisirs tout autres ; ils ignorent les compagnons secrets que tous les siècles ensemble me transmettent de tous les pays. Ces compagnons, illustrés par l'éloquence, par le génie, par la toge et par les armes, ne sont point difficiles ; ils se contentent d'un petit coin sous un humble toit ; ils ne se refusent à aucun ordre ; ils tiennent sans cesse compagnie et ne sont jamais ennuyeux. Congédiés, ils s'en vont ; appelés, ils reviennent. Je questionne tantôt ceux-ci, tantôt ceux-là ; ils me font tour à tour mille réponses et me parlent longuement en vers et en prose. Les uns me révèlent les secrets de la nature; les autres me donnent d'excellents conseils pour vivre et pour mourir. Ceux-ci narrent les hauts faits de leurs aïeux, ceux-là racontent les leurs et font revivre dans leurs discours les actions passées. Il y en a qui chassent l'ennui par des propos joyeux et qui ramènent le rire par des plaisanteries. Il y en a qui apprennent à tout supporter, à ne rien désirer, à se connaître soi-même. Ils enseignent qui la guerre, qui les arts de la paix, qui l'agriculture, qui les clameurs du forum, qui les routes de l'Océan. Ils relèvent celui que l'adversité abat, répriment celui qu'enfle la prospérité, nous recommandent de songer à la fin des choses en nous rappelant les jours rapides et la vie passagère. Pour tant de services, ils demandent, légère récompense, une porte hospitalière, eux à qui la fortune ennemie laisse sur la terre de rares gîtes et des amis indifférents. Dès qu'ils entrent quelque part, ils tremblent de frayeur, et le moindre réduit leur semble un palais jusqu'à ce que les brumes de l'hiver disparaissent et que les Muses ramènent le printemps des études. Il n'est pas nécessaire que des tapis de soie recouvrent les murs, que les cuisines exhalent le fumet des viandes rôties, ni que la salle à manger retentisse du bruit de mille serviteurs empressés à dresser sur les tables un festin splendide. La troupe sobre se contente de ce qu'elle possède et partage avec moi ses richesses ; elle me soulage de mes fatigues sur un lit de roses, daigne inviter à sa table mon indigence et me restaure par des mets sacrés et un nectar délicieux. Elle ne me tient pas seulement compagnie à la maison ; elle vient volontiers avec moi à travers les bois et les prairies animées des nymphes ; elle hait la foule tumultueuse et les villes bruyantes.

Souvent je passe des journées entières seul dans des lieux écartés. J'ai dans ma main droite une plume, ma main gauche tient une feuille de papier, et diverses pensées remplissent mon âme. Ah! que de fois en marchant je suis tombé sans le savoir dans le repaire des bêtes fauves! que de fois un petit oiseau a détourné mon esprit d'une haute pensée et l'a reporté mal à propos sur lui! C'est alors que m'importune celui qui s'offre à moi au milieu du chemin ombreux ou qui me salue à voix basse pendant qu'occupé d'autre chose, je prépare de grands travaux. J'aime à savourer le silence d'une vaste forêt. Le moindre bruit m'incommode, si ce n'est quand un ruisseau limpide bondit sur le sable ou qu'un léger zéphir fouette le papier et que mes vers agités produisent un doux murmure. Souvent l'ombre allongée de mon corps m'a accusé d'être en retard et m'a averti qu'il était temps de retourner au logis. Quelquefois la nuit même m'a forcé de rebrousser chemin ; Vesper ou Diane succédant à Phébus m'ont montré la route et signalé les ronces épineuses. Voilà ce que je suis, voilà ce que je fais. Si la passion qui me tourmente se calmait, je serais heureux et me croirais né sous un astre trop favorable.

IV (1). — *A Lélius* (Lello, di Pietro Stefano). *gentilhomme romain.*

Vaucluse réveille son amour qu'il croyait éteint.

J'ai un petit jardin qui réveille ma flamme éteinte en renouvelant les doux soupirs de ma vie passée. Là, les fleurs printanières émaillent le gazon ; au cœur de l'été, quand le soleil est au plus haut, vous trouvez mille ombrages ; l'automne vous fournit des fruits délicieux; en hiver

(1) *Épîtres*, 1, 8.

le soleil vous réchauffe de ses rayons. Les doux chants des oiseaux, à l'ombre, et leurs riantes couleurs vous égayent. La reine des chantres des bois, Philomèle, y fait entendre ses accords. Mais un petit oiseau la surpasse par son gosier harmonieux. Je l'ai souvent remarqué en le voyant se cacher dans l'ombre au haut d'un arbre touffu. C'est un oiseau de toute beauté; je ne saurais lui donner son vrai nom, peut-être le lui donnerez-vous en lisant son portrait. Il a la tête noire et les ailes vertes ; il aime à s'ébattre sous les pampres ; jamais petit corps n'a eu plus de souffle et n'a su mieux charmer les oreilles (1).

Tout cela, en attisant sans cesse l'étincelle assoupie au fond de mon cœur, me fait craindre un incendie que je connais. J'avais renoncé à l'amour et il était bien temps. Toutefois Cupidon rassemble de nouveau toutes ses armes et ses traits d'or. Je l'ai vu repasser ses dards sur une pierre légère et essayer avec le doigt le tail-

---

(1) « Ami lecteur, avez-vous jamais entendu, par un beau matin de printemps, la voix d'une mésange à tête noire ? Ce joli petit animal, qui mange la cervelle des autres oiseaux, élève vers le ciel une frêle et mignonne chanson qui semble humide de rosée. » (EDMOND ABOUT. *Madelon*, XVII.)

lant de la pointe aiguisée. Je l'ai vu bander doucement ses arcs meurtriers et, appuyé sur le genou, tantôt en serrer les bouts recourbés, tantôt en agiter avec le pouce les cordes fatales. Où fuir? Que faire? puisque ni les mers profondes, ni les Alpes, ni de longues absences n'ont rien pu. Déjà des jours plus calmes se lèvent, et je demande la paix à mon ennemi armé du carquois. Il refuse, recommence la guerre et, ô prodige! voici qu'en tous lieux et à toute heure mon ennemi ailé apparaît menaçant. J'avoue que je tremble qu'il ne rouvre mon ancienne blessure par une nouvelle flèche. Mille circonstances le favorisent. Le seul aspect des lieux conspire avec lui, tant le zéphir jaseur lutte avec le chant des oiseaux, tant les couleurs charmantes se marient aux odeurs agréables; les fleurs rivalisent avec le feuillage, la verdure avec les fleurs; les lys le disputent aux narcisses et les roses aux violettes. Que dirai-je des sièges moelleux sur le vert gazon des rives? des doux et légers sommeils sur le gazon? du bruit de l'eau courante et de ses détours sonores? Que dirai-je des vers mélodieux que pendant la nuit sereine, à l'aurore ou au crépuscule, une belle nymphe chantait d'une voix angélique sur la rive opposée? Cette nymphe toucherait les dieux du ciel et ferait tomber la foudre des mains de Jupiter. Elle briserait le diamant le plus dur de ses yeux modestes, maîtres absolus du cœur qu'ils ont blessé. Ils contiennent des torches secrètes et un feu complice ; c'est de là que lance ses flammes et ses flèches enflammées l'enfant qui voltige allègrement dans mon jardin. Je me rappelle tout cela et j'aime à me le rappeler. La nourrice sait le reste.

V (1). — A Giovanni Colonna, cardinal.

Sa guerre avec les nymphes de la Sorgues (2).

J'ai avec les nymphes, au sujet des limites, une grande guerre dont vous avez peut-être entendu parler. Une montagne sauvage reçoit les vents et les nuées et dresse sa cime dans les airs. Le

(1) *Epîtres*, III, 1.
(2) « De ces fontaines charmantes, la plus belle, par la masse des eaux et par la grandeur du site, est celle de la Sorgues de Vaucluse, si justement fameuse. Au fond d'une étroite gorge que domine une enceinte de rochers aux parois de plus de deux cent mètres de hauteur, sans autre végétation qu'un seul figuier qui s'accroche à la pierre, le torrent jaillit d'un talus de débris amoncelés devant l'ouverture cintrée d'une grotte. C'est au-dessous de ce porche sombre que s'étale la nappe d'eau tranquille et

bas est occupé par des fontaines, noble royaume des nymphes. Là, jaillit la Sorgues très agréable par le doux gazouillement de ses eaux et par leur fraîcheur. C'est un spectacle merveilleux de voir comme l'onde transparente recouvre de vertes émeraudes. Je possède en cet endroit un petit champ d'une terre aride et pierreuse. De là le différend, de là le premier germe du conflit. Voyant que cet asile convenait aux Muses fugitives, j'en fis mes concitoyennes, et les invitai à mépriser avec moi le tumulte et les injures du vulgaire absurde.

bleue de la fontaine, emplissant un profond entonnoir et reflétant la voûte sphérique du rocher. Quand les pluies ont été fortes sur les plateaux voisins, tout percés d'*avens*, ou abîmes qui laissent pénétrer les eaux dans les fissures sous-rocheuses, quand la Nesque et le Calavon, qui coulent l'un au nord, l'autre au sud du massif de calcaires caverneux et désagrégés de Vaucluse, ont gonflé la source par leurs infiltrations souterraines, elle déborde par-dessus le talus de débris et descend du seuil de l'ouverture en cascade d'un blanc jaunâtre. La masse qui descend alors en vagues tumultueuses dans le lit penché de la Sorgues est de 20 à 25 mètres par seconde, soit deux fois supérieure à l'eau d'étiage : c'est un véritable fleuve : même en temps ordinaire, Vaucluse est l'équivalent d'une rivière comme le Tarn et le Lot dans la saison des basses eaux. (ÉLISÉE RECLUS, *Nouvelle Géographie universelle* : La France, chap. III.)

Les nymphes, de leur côté, trouvèrent indigne et insupportable qu'on substituât leurs droits à des exilées, qu'un nouveau venu introduisît violemment dans la citadelle des étrangères chassées de l'univers entier et préférât neuf vieilles femmes à mille jeunes filles. Déjà ce petit champ travaillé de mes mains avait pris un riant aspect, et le gazon rapporté en avait fait un pré fleuri. Tout à coup la troupe rapide des nymphes s'élance du haut des rochers, et par de puissants efforts renverse les fondements de mon fragile ouvrage. Je fuis, je grimpe sur une éminence voisine, je regarde en tremblant du haut d'un rocher, et je jouis de l'abri du lieu. Je livre bataille pendant quelque temps, et je me confie de nouveau à la vaste plaine, honteux d'avoir fui une fois.

Phébus avait fait le tour du monde, et un autre été avait reparu. Je vois la troupe humide qui attaque de tous côtés mes travaux en faveur des Muses et qui habite au fond de mes grottes. Que faire? Je m'indigne, mais comment le destin gouverne-t-il les projets et les soucis des hommes? où détourne-t-il leurs vaines entreprises? Tandis que je fais mille préparatifs et que je rallume la guerre, il me fallut voyager au loin à travers des pays étrangers. Abandonnant mes travaux et Vaucluse, je ramenai après plusieurs siècles mes compagnes étonnées dans le Latium et à Rome sur les hauteurs du Capitole. Il y a six ans de cela. Bref, nous revenons par la mer tant de fois traversée et retraversée et par les Alpes trop connues. Le temps, si avare dans son cours insensible, dévaste tout. En revoyant mes champs silencieux et mes grottes sombres, je fus surpris de l'aspect des lieux. Nulle trace de mes travaux ; l'ennemi avait tout foulé aux pieds ; ma digue gisait dispersée çà et là, et servait de retraite aux poissons qui errent dans les eaux. J'affronte de nouveau les périls d'une guerre douteuse. Le dépit me fournissait des armes, la vengeance doublait mes forces. Les laboureurs robustes se rassemblent; la cohorte des bergers est levée à peu de frais; le pêcheur tout mouillé, aux vêtements relevés, posant son hameçon, combat pour moi. Nous roulons d'énormes pierres, nous fouillons dans les entrailles de la mère qui produit tout, nous arrachons peu à peu ses ossements arides et nous diminuons la montagne avec le fer recourbé. Nous chassons ainsi de toute la contrée les nymphes vaincues, et nous élevons sur la rive du fleuve un palais durable aux Muses sacrées.

Les nymphes, en passant auprès, gémiront sur leur perte, et verront notre joie. Le fruit de tous leurs efforts se réduira peut-être à des menaces et à un vain murmure. Mais il ne faut pas nous attribuer tout le succès. Nous avons senti manifestement le secours de la canicule, le secours du Lion qui nous ont procuré la faveur de Phébus. Celui-ci prit ouvertement les armes pour notre défense; avec son arc, son carquois léger et ses flèches brûlantes, il combattit au milieu du jour et nous aida d'en haut. Pendant la nuit sa sœur complaisante, comme pour rivaliser avec son frère, prolongea la durée de la lumière et fit reculer les ténèbres. Toutefois je devine le projet des nymphes et leurs machinations secrètes. Elles attendent que les astres orageux ramènent la glace, les vents et les neiges, et que le Verseau répande les torrents de son urne. Elles me font mille menaces si je ne me tiens pas alors sur mes gardes. Cet antre (1) vomira de sa vaste ouverture un fleuve rapide, et par ses gouffres profonds se hâtera de porter secours aux vaincues. J'ai tout prévu. Déjà en arrachant une partie du rocher, et en entassant les pierres du

(1) L'antre d'où sort la rivière de la Sorgues.

rivage voisin, ma troupe choisie a construit une route d'hiver. Ni le Pô rompant ses digues pour venir à nous, ni l'Araxe (1) qui se fait un jeu de briser les ponts, ne nous effraieraient.

Victorieux, jouissant de la paix, tranquille sur l'avenir, je déposai tardivement mes compagnes couvertes de haillons sur les bords d'un fleuve limpide, et je les baignai dans ses eaux. Là, il m'a été permis souvent sur ma prière de renouveler les chants antiques, de cueillir des lauriers, d'en tresser de ma main des couronnes, et de contempler les danses sacrées, quoique Apollon indigné se taise et que Cirrha muette subisse depuis longtemps le joug de l'hiver. Là, en leur promettant non les applaudissements et les fêtes stériles du théâtre, ni les bruits divers de la foule, mais la société de quelques gens de bien, j'ai soulagé des cœurs tristes auxquels j'ai offert le gîte, la table et un chaste lit. Déjà commencent à paraître l'Hélicon et la double colline (2), la fontaine qui jaillit sous le sabot

---

(1) Fleuve de l'Arménie sur lequel Xerxès et Alexandre firent jeter des ponts qui ne purent résister à la violence de ses eaux.
(2) Le Parnasse.

d'un cheval (1) et les verts bosquets des poètes ; déjà une meilleure fortune revient aux malheureux.

Hâtez-vous donc de venir voir tout cela, si vous avez quelque amour du repos. Vous verrez combien ce loisir est préférable au tracas des villes. Ne craignez point mes aliments grossiers et mes lits de paille durs. Les rois se complaisent dans la diversité. Faire toujours la même chose ennuie. Le plaisir varié est plus agréable et, si on le diffère, il procure un nouveau charme. Ajoutez que vous pouvez apporter vous-même par un court chemin des mets recherchés, des vins depuis longtemps amenés du mont Rosso ou du Vésuve ardent, de l'argenterie brillante, des toisons précieuses d'Angleterre et des habits trempés dans la pourpre odorante. Laissez-nous le reste. L'herbe fournira le lit ; l'arbre aux rameaux verdoyants, le toit. Philomèle apportera la cithare ; aucune passion ne s'est encore emparée d'elle ; charmant les bosquets de son gosier tremblant, la jeune vierge dans son printemps virginal chante et ne siffle pas. Nous vous offrirons, si vous les aimez, des livres parlant de tout et les chœurs

(1) L'Hippocrène.

des Muses, des promenades sur les nymphes domptées, des coteaux couverts de pampres, de grosses grappes de raisin, de l'eau fraîche puisée à la fontaine, d'innombrables chants d'oiseaux, les enfoncements et les cavités de la montagne, et l'ombre rafraîchissante des bois, dans des vallées exposées au soleil.

VI (1). — *Au même.*

Un orage à Vaucluse.

Hélas ! que faire ? Le vaste palais de Jupiter commence à trembler. La porte du ciel élevé, arrachée de ses gonds, tombe avec un horrible fracas. Sur le rocher voisin, d'affreux coups de tonnerre succédant aux éclairs ont interrompu au milieu de la nuit mon sommeil léger. Les deux pôles sont tout en feu ; les nuages déchirés tonnent ; une lueur sinistre effraye l'univers et glace d'épouvante les hommes et les animaux. Du haut de la voûte méridionale du ciel, le terrible Jupiter darde de sa main des traits meurtriers et vomit

---

(1) *Épîtres*, I, 10.

de sa bouche des flammes et des menaces. Tous les astres s'enfuyant ont étendu devant les yeux un rideau de nuées pour qu'ils ne voient point la ruine universelle, plongeant le monde avant l'heure dans la confusion du chaos. Déjà Vénus, la plus belle de toutes les étoiles, a disparu, en s'indignant d'un état de choses si contraire à son humeur bienveillante. Mars, sans être poussé par les aiguillons de l'amour comme d'ordinaire, suit tristement sa maîtresse fugitive, craignant des armes plus dangereuses que les siennes. Jamais Mercure n'attacha plus vite à ses pieds ses talonnières d'or qu'il dut chausser tant de fois par l'ordre de son père. Toute la famille d'Atlas est absente; on n'aperçoit nulle part la troupe des Vierges (1) dont la dernière est toujours cachée ; maintenant elles se sont toutes enfuies à la fois. La voie lactée parsemée d'étoiles innombrables est ensevelie dans l'ombre. Le soleil, pressentant sa défaite avant que les fureurs de l'ouragan n'eussent altéré la beauté du jour, s'enfonça en gémissant dans la mer, tournant le dos à sa jeune sœur (2). Celle-ci, saisie d'effroi, se retira d'un pas précipité, et privée de son frère elle ne

(1) Les Pléiades, filles d'Atlas.
(2) La lune.

fit pas attendre longtemps la nuit dont elle est l'ennemie. La couronne de la jeune Crétoise abandonnée (1) gît en lambeaux. L'énorme Serpent qui s'étend vers les deux Ourses cache ses anneaux dans l'Océan. Le gardien de l'Ourse se couche. Le Bouvier quitte à regret le Chariot et fuit dans les ténèbres derrière tous les astres. Seul Saturne, pâlissant dans l'ombre, jette du haut de la région pluvieuse un regard oblique sur la terre. Appesanti par l'âge, il porte un manteau mouillé, un bandeau bleu serre ses cheveux blancs. Lent pour le bien, il s'empresse pour le mal. Il se demande avec étonnement sur quelles ailes le Verseau qui, hier, était très éloigné, a traversé les espaces immenses du ciel et est devenu tout à coup pour lui un hôte si funeste. L'Air lui-même agité, semblable à un lutteur, n'étant point encore décidé à céder au Vent et ne pouvant supporter un si rude assaut, tremble. Le roi des vents (2) ouvrant la prison sicilienne, déchaîne les frères furieux, les éperonne et lâche la bride à leur rage. Il leur ordonne cette fois d'ébranler la terre, d'envelopper le ciel dans la même ruine, de répandre les pluies, de dépouiller les champs

(1) Ariane.
(2) Eole.

de leurs fleurs, de rejeter sur le rivage les poissons errants et de briser à l'instant contre les rochers les malheureux matelots. Il leur commande en outre de combattre tout de suite entre eux dans les plaines de l'air et d'ajouter leurs guerres fraternelles au bouleversement général. Il excite leurs courages par ses exhortations et irrite leurs colères. Puis, brisant de sa main les verrous, il ouvre la porte sonore et redouble ses excitations. A l'instant même, les vents furieux s'élancent en foule hors de leur prison et accomplissent les ordres qu'ils ont reçus. A leur vue la Nature mère frémit d'horreur, elle abandonne tristement les rênes et gagne en pleurant une retraite cachée. La Terre s'épouvante, et avant de périr, elle regarde cette violente tempête en se plaignant de son Jupiter. Déjà, prête à céder à l'ouragan, elle fléchit, songe à ôter de dessus ses épaules les monts aériens et à cacher sa tête vaincue dans son centre.

Pendant que je parle, la pluie se précipite à flots. Maintenant les toits retentissent, et à l'entour, sous une grêle épaisse, les couronnes de pampre tombent du front de Bacchus. Les bois perdent toute leur parure. Les antres mugissent envahis par de noirs torrents. L'onde, entremêlée de pierres, regorge souillant le visage du fleuve d'un limon inaccoutumé. Cette beauté virginale que vous, grand admirateur du beau, avez l'habitude de louer, les nymphes l'ont perdue tout à coup. L'ancien déluge revient. Le laboureur stupéfait ne peut toucher du pied le champ qu'il cultivait tout à l'heure et agite dans un lac ses bras tremblants. Il voit bientôt ses bœufs, ses charrues, son toit arraché, toutes ses espérances nageant et partageant le même sort. Il accuse d'imposture les anciens prophètes qui ont prédit l'approche du jour suprême qui détruirait l'univers par le feu, et il se croit joué. Les mères effrayées pleurent çà et là et serrent leurs petits enfants contre leur sein. Le deuil règne dans les cités. D'un côté on entend les gémissements du pauvre peuple s'apitoyant sur ses maux; de l'autre le prêtre chante d'une voix tremblante, fait force vœux en tunique brodée (comme si ce vêtement commandait aux nuages) et fatigue à l'envi l'airain rauque en le tirant avec une corde à nœuds.

La crainte m'empêche d'en dire plus, car ma demeure ébranlée dans ses fondements a tremblé, et les nymphes d'en haut l'envahissent à grand bruit. Se souvenant de l'offense que je leur ai faite naguère (1), elles se disposent à la venger, et déjà elles m'ont chassé de mon lit. La frayeur fait tomber de mes doigts ma plume et mes tablettes. Ou je m'abuse et je suis troublé par une fausse terreur, ou à l'instant même (car les clartés sinistres de la foudre permettent à mes yeux de voir), un torrent pierreux, déracinant les arbres et devant renverser toutes les maisons sur son passage, descend de chaque cime du mont voisin. Pendant ce temps-là, sur le toit de ma fragile demeure, le ciel tout entier ou une grande partie du ciel est tombée. Je ne peux plus me fier à mon habitation ; des signes manifestes de mort sèment partout l'épouvante et se rapprochent de plus en plus. Mon âme consternée dans un si grand péril exige que je me taise.

Mais vous qui dans les circonstances critiques me prêtez toujours à propos votre appui, s'il est un moyen de salut, indiquez-le maintenant à votre ami. Si par hasard les paroles magiques fléchissent Jupiter, envoyez-moi une incantation écrite. S'il est bon d'avoir des pierres recueillies sur les rivages d'Orient, par pitié mettez-en une à mon doigt désarmé. Si l'herbe, au contraire, a plus de vertu, étendez, je vous prie, une main bénigne

(1) Voir *Épître* V.

sur les herbes que vous connaissez. Dissipez par quelque moyen que ce soit ma frayeur mortelle, et secourez-moi dans mon infortune, afin que je sois plus rassuré désormais, si cette nuit n'est point la dernière de toutes pour le monde et pour moi. Si vous n'approuvez point ces nouveaux expédients, pourquoi ne pas recourir aux armes antiques dont j'ai fait l'expérience? Ordonnez, excellent père, qu'on m'apporte une poignée du feuillage d'Apollon. L'amant lointain de Daphné ne parcourt point ce ciel sur son char, et dans ces campagnes il ne verdit aucun beau laurier à l'ombre duquel il soit doux de se reposer quand le grand Jupiter lance la foudre, dont on puisse cacher dans son sein le feuillage chéri ou tenir à la main une branche que l'on montre au ciel en fureur comme un bouclier.

VII (1). — *Au même.*

Sa paix avec les nymphes de la Sorgues.

Voici un autre juillet; qu'une autre épître aille en même temps vers votre seuil pour vous ra-

(1) *Épitres,* III, 4.

conter mes travaux rustiques. Quelle a été enfin l'issue de la longue dispute de mon petit jardin, quelles furent les causes successives de ma guerre ave les nymphes, j'imagine que chacun le sait partout où mes vers ont étendu ma renommée et où le vent a porté le nom du nouveau poète. Pendant deux lustres nous avons livré de rudes et fréquentes batailles. Troie n'a pas résisté plus d'années aux efforts des Grecs ni la Gaule aux nôtres. J'ai tout tenté. L'espoir que l'été m'a donné, l'hiver suivant l'a détruit. La puissance de la fontaine accrue et l'ennui de recommencer les travaux l'ont emporté : j'ai cédé volontairement et j'ai livré le passage. Plus de barrières rocheuses, plus de digues mises en travers du fleuve indigné ; les fragments de la roche antique, arrachés, retentissent. L'onde en détruisit une partie, les colons détruisirent l'autre ; et un nouveau travail effaça les traces de l'ancien. De même que le pilote dirige son navire au gré de la tempête, tantôt vers l'Auster, tantôt vers Borée et vers le Septentrion, j'irai où elle me conduira, pour ne pas être entraîné par sa violence, ayant vainement tout essayé contre elle. Je commanderai à la proue de regarder divers rivages, aux voiles d'obéir aux vents, et je tiendrai d'une main ferme le gouvernail prompt à tourner de tous côtés.

C'était jadis pour moi un jeu très agréable de chasser à grand bruit les nymphes de leurs propres demeures et du royaume de leurs pères. Celles-ci étant secondées par l'hiver, et moi par l'été, il en résulta un travail annuel et une guerre sans fin, mêlée de plaisir. Épris d'un certain charme, j'ai exécuté mille travaux. S'il est permis de comparer les petites choses aux grandes, d'opposer l'eau d'une petite rivière à la mer, et les faibles préparatifs des poètes à ceux des rois, c'est ainsi qu'autrefois Xerxès, roi de Perse, fier de son pont de bateaux, traversa le détroit de l'Hellespont ; c'est ainsi que César, depuis longtemps puissant par les armes, osa lier par des chaînes solides les deux extrémités du port de Brindes et interdire à son gendre la mer domptée ; c'est ainsi que dans le golfe de Baïes le téméraire Caligula construisit trois théâtres d'un luxe orgueilleux dont les marins voient maintenant les vestiges épars, et qu'ils comptent sous les flots. Là sont pour moi l'Hellespont, Baïes et Brindes ; là est l'Athos que je dois percer avec le fer. Maintenant un autre souci me préoccupe. Je vois combien il est difficile de vaincre la nature. Que les éléments continuent donc leur marche, et que le fleuve suive son cours accoutumé. Mais il y a un petit coin de terre contigu aux rochers. Il était à l'origine l'asile des nymphes; il est aujourd'hui ma demeure et celle des Muses. Cette demeure est assez vaste, car il nous arrive rarement des hôtes : nos vers déplaisent au vulgaire, et notre vie est taxée de folie par un juge insensé. Nous fortifions maintenant ce petit coin de terre, afin que la violence de l'eau ne puisse l'arracher, à moins qu'elle ne déracine les fondements de la montagne qui est devant.

Si vos occupations vous permettent de nous visiter, et si la curie vous en laisse le temps, vous qui êtes notre gloire, vous verrez ici un nouvel ordre de choses. J'ai cédé aux nymphes, les nymphes à leur tour m'ont cédé, les menaces ont cessé, et la guerre est finie. Mes armes sont maintenant des filets et un labyrinthe tissu d'osier qui, accessible aux ondes, est pour les poissons une prison d'où ils ne peuvent sortir par aucun moyen. Devenu pêcheur, je manie, au lieu d'épées, des hameçons recourbés munis d'appâts trompeurs, des bâtons tremblants, et un petit trident avec lequel j'ai appris déjà à harponner le dos des poissons et à les clouer contre le dur rocher. Je vous transmets les prémices de mon art fluvial et des vers, tout ce que renferme la vallée close et étroite où j'habite et qui nourrit pour vous des petits poissons et des chants rustiques.

VIII (1). — *Au même.*

Il le remercie du chien qu'il lui a donné.

Le temps détruit tout : vos présents croissent avec le temps et l'usage les rend meilleurs. Votre chien, venu des plages de l'Occident, accoutumé au palais et à la table d'un roi, goûtant un sommeil superbe sur des lits de pourpre, a préféré tout de suite les richesses romaines aux mœurs de son pays, aux palais de l'Espagne, à son sommeil et à sa nourriture. En voyant que tout était meilleur dans sa nouvelle condition il s'est reposé avec joie dans un poste tranquille. Vous me le donnâtes pour consolation et pour compagnon de voyage lorsque, avant mon départ, je vous fis mes adieux Lui, quoique passant de la condition la plus haute à la plus basse, il obéit et présen-

(1) *Épîtres*, III, 5.

tant tristement son cou à la chaîne, il me suivit et ne méprisa point les ordres d'un maître inférieur. Peu à peu il se souvient de moins en moins des délices qu'il a laissés. Déjà les prés lui plaisent; déjà traversant à la nage les fleuves limpides, il mord l'eau et joue dans l'onde pure, déjà il aime mes aliments et mes loisirs exempts de soucis. Il ne regrettera point les vastes palais et les mets variés du roi qu'il a quitté, car du pain et de l'eau et une petite maison lui suffisent. Déjà ses membres lavés brillent, et la gale qu'il avait contractée en croupissant dans le repos a disparu dans une fontaine salutaire. Déjà il marche plus haut de toute la tête et montre un cou plus musculeux.

Il est fier de sa parure; la vue de son collier et de son ample ceinture rouge brodée de colonnes éclatantes de blancheur (1) le charme. En se rappelant qu'il vous a appartenu, il s'enfle d'orgueil et fait mille menaces. Le pâtre a fui ma pelouse et s'est caché au loin, lui et son troupeau. Ce gardien redouté veille devant mon vestibule. La populace, jusqu'alors importune et hardie, craint de toucher à mon seuil occupé. Je

(1) Armes des Colonna.

vis libre ; mon défenseur est mon seul compagnon assidu. Chaque fois que, pendant la nuit, j'étends sur mon lit silencieux mes membres fatigués des travaux du jour et qu'un sommeil facile ferme mes yeux, il monte la garde à ma porte. Chaque fois que harassé je m'abandonne au sommeil plus longtemps qu'il ne sied, il se plaint, m'avertit en me gourmandant du retour du soleil et secoue ma porte avec ses pattes. Dès que je sors, il me salue d'un air caressant, et marche devant moi en se dirigeant vers des endroits connus, et en tournant souvent les yeux en arrière. Quand je me suis couché sur le bord moelleux de la rive et que je me suis mis à mes travaux accoutumés, il rôde çà et là, examine toutes les avenues, puis, étendant sur la terre verte sa blanche poitrine, il me tourne le dos et fait face aux arrivants.

Entre les fraîches fontaines il y a un endroit de tous côtés accessible aux oiseaux seuls, et entouré par le fleuve et par des rochers. J'y grimpe en tremblant. Mon chien s'y établit, il s'empare du chemin et couvre de son grand corps l'étroite pierre. Il annonce d'abord par un petit aboiement ceux qu'il voit, puis il se précipite sur eux si je ne l'en empêche. Car, en l'observant bien, il conserve beaucoup de traces de notre intelligence. Il s'enflamme à mon commandement, il se modère si je serre la bride. Menaçant pour les autres, il est caressant pour mes amis, il accourt au-devant d'eux l'oreille basse et en remuant la queue. Le paysan tremble en le voyant de loin au milieu du chemin. Lui qui avait coutume de me consulter, comme si j'étais un autre Appius (1) ou un second Acilius (2), sur les difficultés des lois et sur les ambiguités du droit, sur sa maison, sur le mariage de sa pauvre fille, et qui troublait la paix des Muses, il fait maintenant ses affaires tout seul. Il m'est permis d'être avec moi, ce qui est le plus grand avantage de la vie. C'est à vos bienfaits, je l'avoue, que je dois toutes ces commodités.

De plus mon chien fatigue de ses sauts les collines et la rivière ; il imite de sa voix criarde le chant des enfants et fait des choses risibles. Ennemi implacable des oies qui se plaisent dans

---

(1) « Appius Claudius, mon collègue et mon ami, possédait, avec la science de nos antiquités, celle du droit augural et de tout le droit public. » (Cicéron, *Brutus*, LXXVII.)

(2) « L. Acilius passait pour un habile jurisconsulte. » (Cicéron, de *l'Amitié*, II.)

les bas-fonds, il les poursuit sur le rivage et sur les écueils élevés. L'oiseau infortuné n'est pas plus en sûreté au fond de l'eau, car il l'arrache du milieu du fleuve, et m'offre de faire gras malgré moi. Il orne souvent de sa chasse ma table rustique, mais il le fait par jeu ou par un léger accès de colère, soit qu'il rencontre en nageant une proie agréable, soit que le bruit l'ait agacé, car ordinairement pour les petits il est plus doux qu'un agneau. Jamais, croyez-moi, il n'attaquera un chevreau, ni une faible brebis, ni une chèvre fugitive. A la rencontre d'un lièvre tremblant, il s'arrête comme épouvanté. Mais il ose déchirer les truies qui ont mis bas et les forts taureaux ; il leur prend les oreilles et les arrache par ses morsures.

Un chien d'un caractère semblable fut envoyé jadis à Alexandre des extrémités du monde. Il était également digne d'un roi et dédaigneux ; aucune bête commune ne l'excitait ; il ne touchait ni aux daims, ni aux sangliers, ni aux ours, et réservait ses dents pour de glorieuses blessures. Le tyran emporté, appréciant mal ce présent, se hâta de faire périr le noble animal qui méritait un meilleur sort. On lui renvoie un autre chien dressé à égorger les lions féroces et à faire trembler la terre en renversant un éléphant. Le jeune prince, plein d'admiration pour ce chien, l'aima ; il reconnut son erreur et se repentit trop tard d'avoir tué le premier avant de l'avoir éprouvé avec un adversaire digne de lui (1). Pour moi je connais la valeur du mien. Un petit chien qui tette le mordra impunément, et ni la violente colère d'une lionne, ni la rage d'une tigresse privée de ses petits ne l'effraiera. Vous étiez présent, si je ne me trompe, quand il remplit d'un trouble subit les hauts appartements du souverain pontife, lorsqu'il se mit à hurler et que, le corps raidi et le poil hérissé, il voulut déchirer la cage d'un lion que l'on montrait. On l'emmena de là avec peine, tout triste et témoignant sa grande douleur par de rauques gémissements et de longues plaintes.

Mais ce petit sujet m'a retenu trop longtemps ; je termine et n'ajoute qu'un mot. S'il voit quelqu'un de vos gens venu ici, soit par hasard, soit par votre ordre (car quoique absent, vous ne cessez d'être présent par les vôtres), il soupire après votre palais, et en se rappelant son ancienne condition il déteste les vallons et les

(1) Pline, *Histoire naturelle*, VIII, 61.

champs. Qu'on lui donne la liberté du choix : il préférera avec raison retourner vers la haute Colonne.

IX (1). *A Gulielmo di Pastrengo, légiste et humaniste véronais.*

Sa rencontre à Vaucluse avec la maîtresse de cet ami.

L'aspect troublé de la ville (2) et le doux amour d'une campagne charmante m'avaient poussé à visiter les eaux transparentes et la source admirable de la Sorgues, qui donne aux poètes un puissant aiguillon et au génie de vaillantes ailes. Là où vous n'avez pas craint de rouler avec moi des pierres arrachées et d'amollir un champ des plus stériles, vous verriez maintenant un jardin émaillé de fleurs variées, la nature cédant au travail. Une partie est bordée par une rivière profonde et l'autre est entourée d'une montagne neigeuse aux roches escarpées dont les hauteurs s'opposent à l'Auster brûlant (3); c'est de là que

(1) *Epîtres*, III, 3.
(2) Avignon.
(3) Au mistral.

se répand l'ombre vers le milieu du jour. Un côté nu ouvrirait un passage au tiède zéphir, mais un mur rustique l'en éloigne et barre l'accès aux troupeaux et aux hommes. Vous verriez les oiseaux aériens faisant leur nid à la cime des branches verdoyantes, les oiseaux fluviatiles bâtissant le leur sur un écueil, les uns le tapissant de mousse, les autres de feuillage ; la faible couvée s'agitant sous des ailes amies et prenant sa nourriture d'un bec tremblant. Les voûtes des grottes retentissent alors de chants harmonieux ; d'un côté la couleur appelle les yeux, de l'autre le son attire les oreilles. Ces spectacles pleins d'un doux tumulte et le repos assaisonné d'un travail agréable calment l'esprit.

J'y ai passé tout au plus, malgré mon désir, un jour entier en paix, tant la curie m'enlace dans ses filets et ses soucis. Je l'ai bien mérité, hélas ! en reprenant volontiers des chaînes que je connaissais et un joug sous lequel ma tête s'était courbée. Toutefois j'aime à me rappeler ici le jour où, tandis qu'en me promenant, j'admirais les eaux vives, les prés, les arbres que j'avais plantés, les lauriers que j'avais fait venir d'une autre région, l'image de mon cher Gulielmo m'apparut à chaque pas. Dans les arbres, dans les eaux, mes yeux ne voyaient que vous seul. Nous nous sommes assis fatigués sur ce tertre ; nous nous sommes étendus sur ce gazon ; nous avons joué en cet endroit où l'onde pure coulait à nos pieds. Là nous nous sommes plu à rappeler d'un long exil les Muses dispersées, à comparer ensemble les poètes grecs et latins, et à passer en revue les travaux sacrés des anciens en oubliant les nôtres. Là, nous avons prolongé le dîner jusqu'à la tombée de la nuit, en nous repaissant des douceurs de la conversation. Tandis que je songe à tout cela, la journée si courte s'écoule furtivement, et il est presque tard quand je m'arrache à Vaucluse.

Sorti des gorges, je laissais derrière moi la vallée boisée et ses sinuosités ombreuses, et à ma gauche coulait le fleuve transparent lorsque je vis venir à moi un groupe de femmes mêlé d'hommes. De loin, vous n'auriez point établi de distinction ; le luxe français a depuis longtemps confondu la mise et jeté de l'incertitude sur les sexes. Nous avançons de plus en plus, et je découvre les visages, les rubans, les colliers de perles, l'ajustement de la chevelure, les vêtements bordés de pourpre, et les doigts étincelants de diamants. En regardant de plus près le groupe, après l'échange ordinaire des salutations, je restai saisi d'étonnement : c'était l'objet de votre flamme, votre souci, votre amour! O quel portrait! Vous sembliez habiter dans ses yeux, lui commandant de me saluer, de me prendre la main et de causer avec moi, selon votre coutume. Je demande à ceux qui l'accompagnent où elle dirigeait ses pas. « Vers la source fameuse, » me fut-il répondu. Mais la cause du voyage provenait peut-être d'une autre source secrète. Que de ruses imagine l'ingénieux Amour! Que ne savez-vous pas, amants? Sans doute elle avait appris que vous vous étiez reposé naguère en cet endroit, et, ne vous retrouvant nulle part, elle suivait vos traces qu'elle reconnait, en évoquant votre souvenir et en faisant revivre vos traits dans sa mémoire. Telle elle était, c'est ainsi que je la vis, et quiconque a aimé eût dit : « Elle brûle d'amour et va au-devant de son ami qui revient. » Elle marchait en effet avec ardeur, enflammée du désir de voir, plus joyeuse que de coutume et éprise du charme des lieux. Je conseillai le retour comme pour vous revoir en elle; déjà, faisant volte-face, je croyais revenir avec vous, entendre vos paroles et voir vos gestes, tant le bienfaisant amour unit les semblables. Elle ne voulut point. On eût dit la vierge de Thessalie (1) devenant arbre au grand étonnement de Phébus, ou Diane indignée contre Actéon, si elle avait eu en mains un arc et sur le dos un carquois. Ses yeux ont des armes; il en part de douces flèches, dards que vous connaissez et que connaît aussi la foule de ses adorateurs. Nous nous séparâmes enfin; la nuit en tombant mit un terme à notre entretien.

(1) Daphné, qui, pour échapper aux étreintes d'Apollon, se métamorphosa en laurier.

LETTRES DE VAUCLUSE

DEUXIÈME PARTIE

LETTRES EN PROSE

(1) I. *Au P. Dionigio Roberti, moine Augustin.*

Son ascension sur le mont Ventoux.

J'ai monté aujourd'hui sur la plus haute montagne de cette contrée, que l'on nomme avec raison le Ventoux, uniquement dans le désir de voir la hauteur extraordinaire du lieu. Depuis plusieurs années, ce voyage me trottait dans la tête, car dès mon enfance, comme vous le savez, j'ai été conduit dans ces parages par le destin qui conduit les choses humaines. Cette montagne,

(1) *Lettres familières*, IV, 1.

que l'on découvre au loin de toutes parts, est presque toujours devant les yeux. La fantaisie me prit de faire une fois pour toutes ce que je faisais journellement, d'autant plus que la veille, en relisant l'histoire romaine de Tite-Live, j'étais tombé par hasard sur le passage où Philippe, roi de Macédoine, celui qui fit la guerre au peuple romain, gravit le mont Hémus en Thessalie, du sommet duquel il avait cru par ouï-dire que l'on apercevait deux mers : l'Adriatique et l'Euxin. Est-ce vrai ou faux? Je ne puis rien affirmer parce que cette montagne est trop éloignée de notre région et que le dissentiment des écrivains rend le fait douteux. Car, pour ne point les citer tous, le cosmographe Pomponius Méla déclare sans hésiter que c'est vrai (1); Tite-Live pense que cette opinion est fausse (2). Pour moi, si l'exploration de l'Hémus m'était aussi facile que l'a été celle du Ventoux, j'aurais bientôt éclairci la question. Au reste, laissant de côté cette montagne pour en venir à l'autre, j'ai pensé qu'on excuserait dans un jeune particulier ce qu'on ne blâme point dans un vieux roi.

(1) Pomponius Méla, II, 2.
(2) Tite-Live, XII, 22.

Mais en songeant au choix d'un compagnon, chose singulière, pas un de mes amis ne parut me convenir en tout point. Tant est rare même entre amis le parfait accord des volontés et des caractères. L'un était trop nonchalant, l'autre trop remuant; celui-ci trop mou, celui-là trop vif; tel trop triste, tel trop gai. Enfin, celui-ci était plus fou, celui-là plus sage que je ne voulais. L'un m'effrayait par son silence, l'autre par son effronterie; celui-ci par sa pesanteur et son embonpoint, celui-là par sa maigreur et sa faiblesse. La froide insouciance de l'un et l'ardente curiosité de l'autre m'éloignaient. Quelque fâcheux que soient ces inconvénients, on les supporte à la maison, car la charité endure tout et l'amitié ne recule devant aucun fardeau, mais en voyage ils deviennent plus fâcheux. Ainsi mon esprit difficile et avide d'un plaisir honnête épluchait chaque chose sans porter atteinte à l'amitié et condamnait tout bas tout ce qu'il prévoyait pouvoir nuire au voyage projeté. Bref, à la fin, je me tourne vers une assistance domestique et je fais part de mon dessein à mon frère unique, moins âgé que moi et que vous connaissez bien. Il ne pouvait rien entendre de plus agréable et il se réjouit d'être pour moi un ami en même temps qu'un frère.

Au jour fixé, nous quittâmes la maison et nous arrivâmes le soir à Malaucène, lieu situé au pied de la montagne, du côté du nord. Nous y restâmes une journée et aujourd'hui enfin nous avons fait l'ascension sur la montagne avec nos deux domestiques, non sans de grandes difficultés, car c'est une masse de terre rocheuse taillée à pic et presque inaccessible. Mais le poète a dit avec raison : *Un travail opiniâtre vient à bout de tout* (1). Longue journée, temps superbe, vigueur de l'âme, force et adresse du corps, tout favorisait nos pas. Seule la nature des lieux nous faisait obstacle. Nous trouvâmes dans une gorge de la montagne un pâtre d'un âge avancé qui s'efforça, par un long discours, de nous détourner de cette ascension. Il nous dit que cinquante ans auparavant, animé de la même ardeur juvénile, il avait grimpé jusqu'au sommet, mais qu'il n'avait rapporté de là que du repentir et de la fatigue, le corps et les vêtements déchirés par les pierres et les ronces. Il ajoutait que jamais, ni avant ni depuis cette époque, on n'avait ouï-dire parmi eux que personne eût osé en faire autant. Pendant qu'il disait cela d'une voix forte, comme

(1) Virgile, *Géorgiques*, I, 145.

les jeunes gens n'écoutent guère les donneurs d'avis, sa défense redoublait notre envie. Voyant donc que c'était peine perdue, le vieillard fit un pas en avant et nous montra du doigt un sentier ardu à travers les rochers, avec mille recommandations qu'il répéta derrière nous quand nous nous éloignâmes.

Après avoir laissé entre ses mains les vêtements et autres objets embarrassants, nous ne gardons que l'accoutrement nécessaire pour l'ascension et nous grimpons avec entrain. Mais, comme il arrive toujours, une prompte fatigue suit ce grand effort. Nous nous arrêtons donc non loin de là sur un rocher. Nous nous remettons ensuite en marche, mais plus lentement; moi surtout j'avais une allure plus modérée. Mon frère, par une voie plus courte, se dirigeait vers le haut à travers les escarpements de la montagne; moi, plus mou, j'inclinais vers le bas, et comme il me rappelait et me désignait une route plus directe, je lui répondis que j'espérais trouver d'un autre côté un passage plus facile, et que je ne craignais point un chemin plus long où je marcherais plus aisément. Je couvrais ma mollesse de cette excuse, et pendant que les autres occupaient déjà les hauteurs, j'errais à travers les vallées sans découvrir un accès plus doux, mais ayant allongé ma route et doublé inutilement ma peine. Déjà, accablé de lassitude, je regrettais d'avoir fait fausse route et je résolus tout de bon de gagner le sommet. Lorsque, plein de fatigue et d'anxiété, j'eus rejoint mon frère, qui m'attendait et s'était reposé en restant longtemps assis, nous marchâmes quelque temps d'un pas égal. A peine avions-nous quitté cette colline, voilà qu'oubliant mon premier détour, je m'enfonce derechef vers le bas de la montagne; je parcours une seconde fois les vallées et, en cherchant une route longue et facile, je tombe dans une longue difficulté. Je différais la peine de monter; mais le génie de l'homme ne supprime pas la nature des choses et il est impossible qu'un corps parvienne en haut en descendant. Bref, cela m'arriva trois ou quatre fois dans l'espace de quelques heures, non sans faire rire mon frère, mais à mon grand déplaisir. Après avoir été si souvent déçu, je m'assis dans une vallée.

Là, sautant par le vol de la pensée des choses matérielles aux immatérielles, je me parlais à moi-même en ces termes ou à peu près : « Ce que tu as éprouvé tant de fois aujourd'hui en gravissant cette montagne, sache que cela arrive à toi et à plusieurs se dirigeant vers la vie bienheureuse ; mais on ne s'en aperçoit pas aussi aisément parce que les mouvements du corps sautent aux yeux tandis que ceux de l'âme sont invisibles et cachés. Certes, la vie que nous appelons bienheureuse est située dans un lieu élevé ; un chemin étroit, dit-on, y conduit. Plusieurs collines se dressent aussi dans l'espace intermédiaire, et il faut marcher de vertu en vertu par des degrés éminents. Au sommet est la fin de tout et le terme de la route qui est le but de notre voyage. Tous veulent y parvenir, mais, comme dit Ovide : *C'est peu de vouloir ; pour posséder une chose il faut la désirer vivement* (1). Pour toi sans doute, à moins que tu ne t'illusionnes en cela comme en beaucoup de choses, non seulement tu veux mais encore tu désires vivement. Qu'est-ce qui te retient donc ? Rien autre assurément que la route plus unie, et qui au premier aspect semble plus facile, à travers les plaisirs terrestres et infimes. Mais quand tu te seras longtemps égaré il te faudra ou gravir vers le faîte de la vie bienheureuse, sous le poids d'une fatigue différée à tort,

---

(1) *Pontiques*, III, 1, 35.

ou tomber lâchement dans les bas-fonds de tes péchés ; et si (m'en préserve le ciel !) les ténèbres et l'ombre de la mort te trouvent là, tu passeras une nuit éternelle dans des tourments sans fin. » On ne saurait croire combien cette pensée redonna d'énergie à mon âme et à mon corps pour ce qu'il me restait à faire. Et plût à Dieu que j'accomplisse avec mon âme le voyage après lequel je soupire jour et nuit, de même que j'ai accompli avec mes jambes le voyage d'aujourd'hui en triomphant enfin de toutes les difficultés. Au fait, je ne sais pas si ce que l'on peut faire par l'âme agile et immortelle, sans bouger de place et en un clin d'œil, n'est pas bien plus facile que ce qu'il faut faire à la longue par l'office du corps mortel et périssable et sous le pesant fardeau des membres.

Le pic le plus élevé est nommé par les paysans *le Fillot*. J'ignore pourquoi, mais je suppose que c'est par antiphrase, comme il en est de certaines autres appellations, car il paraît véritablement le père de toutes les hauteurs voisines. Sur son sommet existe un petit plateau, où nous nous reposâmes enfin de nos fatigues. Et puisque vous avez écouté les réflexions qui ont assailli mon âme pendant que je gravissais la montagne, écoutez encore le reste, mon père, et accordez, je vous prie, une de vos vos heures à la lecture des actes d'une de mes journées.

Tout d'abord frappé du souffle inaccoutumé de l'air et de la vaste étendue de l'horizon, je suis resté comme en extase. Je regarde derrière moi ; les nuages étaient sous mes pieds. L'Athos et l'Olympe (1) me sont devenues moins incroyables en voyant sur une montagne de moindre renom ce que j'en avais entendu dire et lu. Je dirige ensuite mes regards vers la partie de l'Italie où mon cœur incline davantage. Les Alpes couvertes de neige et de glace, à travers lesquelles le cruel ennemi du nom romain (2) se fraya jadis un passage en perçant les rochers avec du vinaigre, si l'on en croit la renommée, me parurent tout près de moi quoiqu'elles fussent à une grande distance. J'ai soupiré, je l'avoue, après le ciel de l'Italie qui apparaissait à mon imagination plus qu'à mes regards, et je fus pris d'une ardeur inexprimable de revoir et mon ami et ma patrie. Je ne laissais pas toutefois de blâmer dans ce double désir la

(1) Hautes montagnes situées : la première entre la Macédoine et la Thrace ; la seconde entre la Thessalie et la Macédoine.
(2) Annibal.

mollesse d'un sentiment peu viril, quoique je ne manquasse pas d'une double excuse sous l'égide de témoignages imposants.

Ensuite une nouvelle pensée s'empara de mon esprit et le transporta des lieux vers les temps. Je me disais à moi-même : « Il y a aujourd'hui dix ans que, libéré des études de ta jeunesse, tu as quitté Bologne. Mais ô Dieu immortel! ô sagesse immuable! que de grands changements cet intervalle a vu s'opérer en toi! Je laisse de côté ce qui n'est pas fini, car je ne suis pas encore dans le port pour songer tranquillement aux orages passés. Il viendra peut-être un temps où je relaterai dans leur ordre tous les événements de ma vie en prenant pour texte cette parole de votre Augustin : *Je veux me remémorer mes souillures passées et les corruptions charnelles de mon âme, non que je les aime, mais pour que je vous aime, mon Dieu* (1). Il me reste encore à accomplir une tâche très difficile et très pénible. Ce que j'avais coutume d'aimer, je ne l'aime plus (2). Je mens. Je l'aime, mais

---

(1) *Confessions*, II, 1. Pétrarque songe déjà à écrire lui aussi ses *Confessions*. Il réalisa plus tard ce projet dans le livre intitulé : *Mon secret*.

(2) Est-il besoin de rappeler qu'il s'agit de Laure?

moins. Voilà que j'ai menti une seconde fois. Je l'aime, mais en rougissant et avec tristesse. J'ai dit enfin la vérité. Oui, j'aime ; mais ce que j'aimerais à ne point aimer, ce que je voudrais haïr ! J'aime cependant, mais malgré moi, mais par force, mais avec chagrin et avec larmes, et je vérifie malheureusement en moi ce vers si fameux : *Je haïrai, si je puis; sinon j'aimerai malgré moi*(1). Trois ans ne se sont pas encore écoulés depuis que cette volonté perverse et coupable, qui me possédait tout entier et régnait seule sans opposition dans mon âme, a commencé à en rencontrer une autre rebelle et luttant contre elle. Depuis longtemps entre ces volontés il se livre dans le champ de mes pensées, au sujet de la prééminence du vieil homme et de l'homme nouveau, un combat très rude et maintenant encore indécis. » Je parcourais ainsi par la pensée mes dix dernières années. Puis je me reportais vers l'avenir et je me demandais : « Si par hasard il t'était donné de prolonger cette vie éphémère pendant deux autres lustres et de t'approcher de la vertu proportionnellement autant que depuis deux ans, grâce à la lutte de la nouvelle volonté contre l'ancienne, tu t'es relâché de ton

---

(1) Ovide, *Les Amours*, III, 11, 35.

premier endurcissement, ne pourrais-tu pas alors, quoique ayant non pas la certitude mais du moins l'espérance, mourir à quarante ans et renoncer sans regret à ce restant de vie qui décline vers la vieillesse ? »

Ces pensées, mon père, et d'autres semblables, me revenaient à l'esprit. Je me réjouissais de mon avancement, je pleurais mon imperfection et je plaignais l'inconstance ordinaire des actions humaines. Je paraissais en quelque sorte avoir oublié en quel lieu et pour quel motif j'étais venu, jusqu'au moment où, laissant de côté ces réflexions auxquelles un autre endroit convenait mieux, je regardai et vis ce que j'étais venu voir. Averti par le soleil qui commençait à baisser et par l'ombre croissante de la montagne que le moment de partir approchait, je me réveillai pour ainsi dire et, tournant le dos, je regardai du côté de l'occident.

On n'aperçoit pas de là la chaîne des Pyrénées, ces limites de la France et de l'Espagne, non qu'il y ait quelque obstacle que je sache, mais uniquement à cause de la faiblesse de la vue humaine. On voyait très bien à droite les montagnes de la province lyonnaise et à gauche la mer de Marseille et celle qui baigne Aigues-

Mortes, distantes de quelques journées. Le Rhône était sous nos yeux. Pendant que j'admirais tout cela, tantôt goûtant les choses de la terre, tantôt portant mon âme en haut à l'exemple de mon corps, je voulus jeter les yeux sur le livre des *Confessions* d'Augustin, présent de votre amitié, que je garde en souvenir de l'auteur et du donateur, et que j'ai toujours entre les mains. J'ouvre ce manuel d'un très petit volume mais d'un charme infini, pour lire tout ce qui se présenterait, car que pouvait-il se présenter qui ne fût pieux et dévot? Je tombai par hasard sur le dixième livre de cet ouvrage. Mon frère, impatient d'entendre de ma bouche quelque chose d'Augustin, se tenait debout, l'oreille attentive. J'atteste Dieu et celui qui était présent que mes yeux se posèrent tout d'abord sur ce passage : *Les hommes s'en vont admirer la hauteur des montagnes, les grandes agitations de la mer, le vaste cours des fleuves, la circonférence de l'Océan, les évolutions des astres, et ils s'oublient eux-mêmes* (1). Je fus stupéfait, je l'avoue, et, priant mon frère avide d'entendre de ne pas me déranger, je fermai le livre. J'étais irrité contre moi d'admirer

(1) *Confessions*, X, 8.

maintenant encore les choses de la terre, moi qui depuis longtemps aurais dû apprendre des philosophes mêmes des gentils qu'*il n'y a d'admirable que l'âme pour qui, lorsqu'elle est grande, rien n'est grand* (1). Alors, trouvant que j'avais assez vu la montagne, je détournai sur moi-même mes regards intérieurs, et dès ce moment on ne m'entendit plus parler jusqu'à ce que nous fussions parvenus en bas.

Cette parole m'avait fourni assez d'occupation muette. Je ne pouvais penser qu'elle fût l'œuvre du hasard; tout ce que je venais de lire, je le croyais dit pour moi et non pour un autre. Il me souvenait que jadis Augustin avait fait la même supposition, lorsque, lisant le livre de l'Apôtre, ce passage, comme il le raconte (2), lui frappa d'abord les yeux : *Marchons loin de la débauche et de l'ivrognerie, des sales plaisirs et des impudicités, des dissensions et des jalousies. Mais revêtez-vous de Jésus-Christ Notre-Seigneur, et n'ayez point d'égard pour votre chair en ce qui regarde ses convoitises* (3). Même chose était arrivée auparavant

---

(1) Sénèque, *Lettres*, VIII.
(2) *Confessions*, VIII, 12.
(3) S. Paul, *aux Romains*, XIII, 13.

à Antoine, lorsqu'ayant entendu l'Evangile où il est écrit : *Si vous voulez être parfait, allez vendre ce que vous avez et donnez-le aux pauvres, et vous aurez un trésor dans le ciel ; après cela venez et suivez-moi* (1), il prit pour lui ces paroles, suivant l'historien de sa vie Athanase, et se soumit au joug du Seigneur. De même qu'Antoine après cette audition n'en demanda pas davantage et de même qu'Augustin, après cette lecture, n'alla pas plus loin, toute ma lecture se borna au peu de mots que je viens de citer. Je réfléchis en silence à l'aveuglement des mortels qui, négligeant la plus noble partie d'eux-mêmes, se répandent de tous côtés et se dissipent en vains spectacles, cherchant au dehors ce qu'ils pourraient trouver en eux. J'admirai la noblesse de notre âme si, dégénérant volontairement, elle ne s'écartait pas de son origine et ne convertissait pas elle-même en opprobre ce que Dieu lui avait donné pour s'en faire honneur. Ce jour-là, en revenant, chaque fois que je me retournais pour regarder la cime de la montagne, elle me parut à peine haute d'une coudée en comparaison de la hauteur de la contemplation humaine, si on ne la

(1) S. Mathieu, xix, 21.

plongeait pas dans la fange des souillures terrestres. Je me disais aussi à chaque pas : « Si je n'ai pas craint d'endurer tant de sueurs et de fatigues pour que mon corps fût un peu plus rapproché du ciel, quel gibet, quelle prison, quel chevalet devraient effrayer mon âme se rapprochant de Dieu et foulant aux pieds la pointe boursouflée de l'orgueil et les destinées humaines ? » Et encore : « A combien peu arrivera-t-il de ne pas s'écarter de ce sentier, soit par la crainte des souffrances, soit par le désir des voluptés ? Oh ! trop heureux celui-là s'il existe quelque part! C'est de lui, j'imagine, que le poète a dit : *Heureux qui a pu connaître les principes des choses et qui a mis sous ses pieds la crainte de la mort, l'inexorable destin et le bruit de l'avare Achéron* (1). Oh ! avec quel zèle nous devrions faire en sorte d'avoir sous nos pieds non les hauteurs de la terre mais les appétits que soulèvent les impulsions terrestres ! »

Parmi ces mouvements d'un cœur agité, ne m'apercevant pas de l'âpreté du chemin, je revins à la nuit close à l'hôtellerie rustique d'où j'étais parti avant le jour. Un clair de lune secondait

---

(1) Virgile, *Géorgiques*, II, 490-492.

agréablement notre marche. Pendant que les domestiques sont en train d'apprêter le souper, je me suis retiré seul dans un coin de la maison pour vous écrire cette lettre à la hâte et sans préparation, de peur que si je différais, mes impressions venant à changer par suite de la différence des lieux, mon envie de vous écrire ne se refroidît. Voyez, tendre père, combien je tiens à ce que rien en moi ne soit caché à vos regards, puisque je vous découvre si exactement non seulement ma vie tout entière, mais chacune de mes pensées (1). Priez pour elles, de grâce, afin que si longtemps vagabondes et inconstantes elles s'arrêtent enfin et que, ballottées très inutilement de tous côtés, elles se tournent vers le seul bien vrai, certain, stable. Adieu (2).

Malaucène, 26 avril (1336).

(1) Le P. Dionigio Roberti était son directeur spirituel.
(2) Cette lettre où Pétrarque a mis son âme à nu n'est pas datée de Vaucluse; Malaucène en est à quelques lieues; mais l'intérêt capital qu'elle présente nous fera pardonner de l'avoir introduite dans ce recueil.

II (1). — *A Giovanni Colonna di San Vito,
franciscain.*

Remède contre la goutte.

Je vais vous dire *un conte de vieille, mais qui est de circonstance,* comme dit Horace (2).

L'Araignée voyageant rencontra par hasard la Goutte. « Où vas-tu si triste ? » lui dit-elle.

« J'étais tombée, répondit celle-ci, chez un hôte rustique et grossier qui me torturait par la faim et par une fatigue perpétuelle. Quand du matin au soir il m'avait tenue au milieu des mottes de terre et des pierres, nous regagnions péniblement, sur le tard, le logis poudreux et pauvre, hélas ! toujours avec des souliers endommagés, toujours avec un fagot très lourd. Là une nuit non moins triste suivait cette triste journée. Il me régalait d'un maigre souper avec de vieilles croûtes de pain moisi et dur comme la pierre, de l'ail et des légumes tout crus, versant quelques gouttes de vinaigre dans une eau trouble. C'était le jour des

(1) *Lettres familières*, III, 13.
(2) *Satires*, II, 6, 77.

Saturnales quand il ajoutait un fromage de Sardaigne. Après m'avoir ainsi traitée, il me faisait enfin coucher sur un grabat rustique et plus dur encore que son champ. Se levant ensuite à l'aurore, il me ramenait au champ vers une besogne odieuse. Les jours se succédaient ainsi. En attendant, nul repos, nul espoir de repos, car les jours de fêtes ou il lavait les brebis de son maître, ou il préparait un passage au ruisseau, ou il protégeait les champs par une haie. Dégoûtée d'un mal éternel et d'une maison contraire à ma nature, je m'enfuis. »

A ces mots, l'Araignée répondit : « Hélas ! que ma condition est différente ! J'avais un hôte efféminé et mou, pour qui le plaisir n'était pas seulement le bien suprême mais le seul. Il prolongeait le souper jusqu'à l'aurore et le déjeuner jusqu'au soir ; le sommeil attiré par un lit de pourpre prenait le reste du temps. Tout le temps que laissent les repas et les plaisirs était donné au repos. Au dedans mets recherchés, parfums exotiques, vins étrangers, vases ornés de pierreries, murs tendus de soie, sol jonché de tapis de pourpre. Au milieu de tout cela il y avait une foule de serviteurs sans cesse en éveil, allant et venant de tous côtés. Aucune partie de la maison n'est négligée ; aucun coin n'est inaccessible. Pendant que l'on balaye le plancher, pendant que l'on ôte la poussière des lambris du plafond, c'est à peine si je pouvais ourdir les toiles que je fabrique, et, ce qu'il y a de plus triste, si je commençais, dès les premiers préparatifs, je voyais mon espoir déçu et mes travaux anéantis. On me chassait misérablement, on me jetait à terre ; je cherchais un refuge, je n'en trouvais point ; un mur épais de marbre blanc comme la neige ne me laissant aucun asile dans ma détresse. Je me suis donc enfuie de devant mon persécuteur, préférant un exil paisible n'importe où, à des travaux domestiques sans fin. »

Quand elle eut ainsi parlé, l'autre répondit : « Hélas ! que de biens qui se perdent soit par ignorance, soit par négligence ! L'ignorance est l'aveuglement de l'esprit ; la négligence est la torpeur de l'âme. Il faut ouvrir les yeux et ne point différer les mesures salutaires qui s'offrent. D'après ce que j'ai dit et ce que j'entends, voici maintenant que notre condition qui est affreuse deviendra excellente si nous changeons de gîte. Ton hôte est fait parfaitement pour moi, et le mien pour toi. »

Le conseil fut agréé ; elles changent de demeure et depuis ce temps il est d'usage que la Goutte habite au milieu des délices dans les palais des riches, et l'Araignée dans la saleté et la cabane du pauvre.

J'apprends, cher ami, que la Goutte s'est faufilée sous votre toit. Cela m'étonne. Je ne croyais pas qu'il y eût place pour elle sous un toit si frugal et je crains qu'elle n'y trouve rien qui soit de son ressort. Si cela est vrai, je ne redoute pas moins la cause du mal que le mal. J'aimerais mieux que vous eussiez pour hôtesse l'Araignée. Il faut résister aux commencements et les meilleurs moyens de résistance sont les veilles, la fatigue, l'abstinence. J'ai vu, étant enfant, un jeune goutteux; je l'ai revu vieux délivré de la goutte. Je lui en demandai la cause; il ne m'en donna point d'autre que d'avoir renoncé entièrement au vin. Cicéron et d'autres après Cicéron citent des riches réduits à ne rien faire par la goutte qui, étant devenus pauvres, ont été rendus à la santé.

Je n'ose vous commander d'être pauvre, bien qu'il ne soit pas nécessaire de vous le commander si vous êtes sage. Entre autres engagements vous avez fait vœu, dit-on, de pauvreté volontaire. N'est-il pas vrai? Eh bien, dans une maison religieuse et surtout dans la cellule d'un mendiant il n'y a point de place pour les richesses, car opulence et mendicité n'habitent point ensemble. Si vous bannissez la pauvreté, je crains qu'au lieu d'or, *vous ne thésaurisiez la colère pour le jour de la colère,* suivant le langage de l'Apôtre (1). Cela vous regarde, vous qui savez très bien quelle alliance vous avez contractée avec le Christ. Si vous l'avez oubliée, relisez votre acte sous seing privé. Vous verrez ce que vous lui avez promis et ce qu'il vous a promis. Je ne vous commande point, dis-je, d'être pauvre, non qu'il ne vous soit pas avantageux de recevoir un conseil d'ami, ou qu'il ne me convienne pas de vous le donner, mais parce qu'il me répugne de tenir des discours en l'air et de parler inutilement. Je vois en effet que le nom seul de la pauvreté vous semble horrible et infâme. Quoique vous l'ayez adopté, vous n'êtes pas libre de le quitter. Je vous conseille du moins de vivre en pauvre. Ce que les philosophes nomment frugalité est la pauvreté volontaire. Je vous la recommande, je vous l'indique comme le seul moyen de recouvrer la santé du corps. Je viens à vous comme un autre Hippocrate. Je vous offre un remède amer peut-être mais salutaire.

(1) Saint Paul, *aux Romains*, 11, 5.

Si vous voulez être bien portant, vivez en pauvre.
L'or, enfoui dans une cassette, ne nuit qu'à l'âme.
La bonne chère nuit à l'âme et au corps. Donc, si
vous voulez chasser la goutte, chassez la bonne
chère ; si vous voulez chasser tous les maux,
chassez les richesses. Adieu.

A la fontaine de la Sorgues, 22 juin.

III (1). — *A Lélius* (Lello di Pietro Stefano.)
Attaché à la curie romaine, à Avignon.

Il le prie d'intéresser le cardinal Giovanni Colonna à un
jeune homme accusé faussement de viol.

Nous avons réalisé exactement ce qui est écrit
de votre Pompée et de sa Cornélie : *Ni l'un ni
l'autre en se quittant n'eurent la force de dire
adieu* (2). Mais il n'était pas besoin entre nous de
beaucoup de paroles qui ne sont rien autre que
les indices de l'âme et des passions qu'elle renferme, puisque nos âmes, quoique dans le silence,
s'ouvrent mutuellement. Voici une chose que je
voudrais bien que vous fissiez maintenant s'il y a
possibilité.

(1) *Lettres familières*, III, 21.
(2) Lucain, V, 705-790.

Un jeune homme, épris d'une jeune fille, a eu des relations intimes avec elle, sans résistance de sa part et après promesses de mariage. Pour que cela entre mieux dans vos oreilles, j'ignore si la chose s'est passée au lit (*in toro*), mais elle a eu lieu certainement au Thor (1) (*apud Thorum*). Le seigneur de l'endroit (2) (dirai-je noble ou manant?), qui poursuit ce jeune homme d'une haine violente et invétérée, le rend passible de la peine capitale. La femme excuse le fait en disant qu'elle n'a rien souffert contre sa volonté et réclame avec instance le mariage promis par son amant. Celui-ci ne demande pas mieux si on le lui permet; mais enfermé en prison il plaide sa cause devant le juge le plus inique. Du reste, dès qu'on lui aura ôté ses chaînes, tous deux libres, égaux par l'âge, par les goûts et par la fortune, ils célébreront le mariage si désiré.

Dès que ces faits m'eurent été rapportés, d'abord par les discours du public indigné, puis par les prières et les larmes des amis, c'est vous tout le premier à qui j'ai songé à demander le remède d'un tel mal. Nous aussi, frère, nous avons été

(1) Petite ville du comtat Venaissin.
(2) Géraud l'Ami, fils de Rostain et de Raibaude de Simiane.

amoureux jadis et il faut venir en aide aux amoureux. Quant à notre maître (1), quoique son âme élevée soit exempte de pareilles faiblesses, je ne le crois pas dur et rigide au point de ne pas compatir aux erreurs humaines. Il ne faut pas s'imaginer que les gens de la campagne sont moins amoureux que les autres. L'enfant habile à manier l'arc exerce un pouvoir égal sur tout le genre humain. Je sais qu'on lit dans Virgile : *Un délire soudain s'empara de l'aveugle amant,* et il ajoute : *bien digne de pardon;* mais ce qu'il met à la fin m'effraie : *si l'enfer savait pardonner* (2). J'ai peur en effet que ce dur Bellérophon (3), sans entrailles et en outre enflammé de colère, ne soit plus qu'il ne faut altéré de sang. Quoi qu'il advienne, nous ferons notre devoir, moi auprès de vous, vous auprès de notre maître, afin qu'il réclame lui-même par lettre au dit seigneur du Thor ce prisonnier à titre gracieux.

Mon métayer, que je vous envoie tout exprès, vous dira son nom et vous contera en détail toute l'aventure, narrateur non moins élégant

---

(1) Le cardinal Giovanni Colonna.
(2) *Géorgiques,* IV, 488-489.
(3) Fameux misanthrope qui avait pris en haine tout le enre humain.

que cet amoureux, pour l'égarement duquel nous demandons grâce aujourd'hui. Adieu.

A la fontaine de la Sorgues, 28 avril (1347).

IV (1). — *Au même.*

Même sujet.

Que voulez-vous que je vous dise? Oui, comme je l'avais entendu dire et lu, il n'est point de naturel si farouche que n'apprivoise la douceur du caractère et du langage. C'est ainsi que mon premier Scipion l'Africain (2) rendit plus traitables, pendant le repas, par ses manières aimables et son entretien plein d'affabilité, Syphax, roi barbare et, pour me servir des termes de Tite-Live, *étranger aux mœurs romaines* (3), et, ce qui est plus admirable, jusqu'à Hasdrubal, général des Carthaginois, non seulement barbare mais encore ennemi mortel du nom romain. C'est ainsi que Jules César gagna par de doux

---

(1) *Lettres familières*, III, 22.
(2) C'est le héros du poème de l'*Afrique*.
(3) *Histoire romaine*, XXVIII, 18.

propos et enveloppa dans les rets de son éloquence césarienne Amyclas, pauvre pêcheur tout nu, couvert d'algues et d'écume de mer. Celui-ci, frappé de ces accents inaccoutumés et plein d'admiration pour cet hôte inconnu, détacha aussitôt, sur son ordre, du rivage où elle stationnait sûrement, sa barque fragile, impuissante à braver les menaces de la mer, et, empressé d'obéir, courut de gaieté de cœur à la mort (1). Mais pour ne pas toujours citer les Scipion l'Africain et les César, Platon, le prince des philosophes, sut se concilier Denys, tyran de Syracuse ; le poète Euripide, Archélaüs, roi de Macédoine. La raideur de l'orgueil tyrannique n'arrêta pas le premier, ni la cruauté barbare le second ; ils amollirent ces deux duretés par leur esprit et leur éloquence. Mais ce qui surpasse tous les prodiges de ce genre, l'orateur Aphtonius (2) désarma par le charme de sa parole des bourreaux inhumains envoyés pour le tuer et qui déjà fondaient sur lui l'épée à la main. L'éloquence aurait vaincu la cruauté, si un bourreau qui ne l'avait point entendu parler, survenant après le départ des

(1) Lucain, *Pharsale*, V.
(2) Rhéteur grec d'Antioche, du troisième ou du quatrième siècle.

autres, n'eût, comme l'aspic qui n'a pas entendu la voix du charmeur, vomi sur lui le venin de son horrible ministère.

Mais pourquoi chercher des exemples parmi les hommes? Nous voyons les ours, les léopards, les lions et d'autres animaux féroces extrêmement forts, apprivoisés par des caresses, subir patiemment le joug d'un petit dompteur, et de plus les liens, la cage, les menaces et les coups. Nous voyons des oiseaux, habitants de l'air, préférer, contre la loi primitive de leur nature, la société de l'homme à la liberté, passer leur vie dans les liens, la tête couverte, privés même de l'aspect de leur patrie natale, modérer leur faim au gré de celui qui les élève, prendre leur nourriture dans sa main, reconnaître la voix de celui qui les dresse, obéir à ses cris, aller et revenir au gré de celui qui les lâche et rapporter un bon gibier non pour eux mais pour leur maître. Quant aux poissons, je n'ai rien lu de semblable dont il me souvienne, si ce n'est que les dauphins sont unis à l'homme par je ne sais quelle familiarité. De là vient le récit historique ou plutôt fabuleux d'un certain Arion qui, assis sur le dos de ce poisson, s'échappa à travers les flots de la mer irritée. On représente le passager jouant de la lyre afin de mieux faire croire à cette navigation, la musique apaisant le vent et soulageant l'embarcation. Il a semblé en effet que la fable ne serait point admise si on ne colorait le mensonge. Le gouvernail, le mât, les voiles, les rames manquaient ; on a substitué à tout cela le seul attrait de la musique.

Mais pourquoi ces choses si étrangères ? me direz-vous. Pour que vous sachiez que je vous compare aux plus grands esprits, vous qui par votre contact et votre langage avez ensorcelé non des hommes, non des bêtes féroces et des oiseaux, mais cet animal aquatique, élevé au milieu des fontaines et des fleuves, et qui tire sa nourriture des rochers. Il est revenu vers moi oublieux de lui-même, ne pensant qu'à vous. A toutes mes questions sur notre maître, sur nos amis, il ne me répondait qu'en parlant de Lélius. Il admirait sa personne, ses manières, sa conversation, jusqu'à son domicile et son habillement. Il me le vantait dans son patois grossier comme si je ne le connaissais pas ; il m'en faisait, malgré mes fréquentes interruptions, d'interminables récits. J'avais beau lui objecter ce mot de Térence : *Oui-dà ? est-ce à moi que tu en fais l'éloge ?* (1)

(1) *L'Eunuque*, 1032.

Il recommençait de plus belle. Bref, j'ai deviné tout de suite que vous m'avez enlevé mon métayer par vos artifices. Je n'en suis, à vrai dire, ni fâché ni jaloux, mais je n'en reviens pas que vous ayez plus fait en une heure que moi dans l'espace de dix ans. Ce serait merveilleux si vous ne mêliez à vos entretiens quelque magie.

Maintenant donc, engoué de vous, il retourne une seconde fois auprès de vous avec cette lettre. Il espère obtenir par vous l'intervention secourable de notre maître, pour tirer des dernières extrémités où il est réduit, son ami, au sujet duquel je vous ai écrit tout récemment, à moins que le juge, comme je le croyais d'abord, s'obstinant à vouloir le supplice, les prières soient impuissantes. Le bruit court en effet que la fleur virginale qu'il convoitait ardemment, cueillie par un autre, le rend fou de dépit et de jalousie. Il est furieux de voir que les caresses d'un pauvre aient eu plus de force dans le royaume de l'amour que ses fades richesses. S'il arrive qu'on s'adresse à un sourd, notre maître recueillera tout le fruit de sa miséricorde, et vous celui de votre bienveillance. Ce paysan, lui aussi, aidé par moi, acquittera la dette de son amitié. Quant à cet amant malheureux, s'il n'en peut être autrement, il paiera, comme plusieurs l'ont fait, la douceur de son amour par la cruauté de sa mort (1).

En quelque rang que vous le comptiez parmi vos humbles amis, mon métayer vous compte au premier rang parmi ses maîtres, et il me paraît déjà plus soucieux de vos bonnes grâces que de la vie de son ancien ami. Aussi, pour s'insinuer tout à fait dans votre esprit et vous montrer par un petit présent allégorique que son âme vous est tendrement dévouée, il vous apporte un petit pot d'huile d'olives, la plus onctueuse de toutes les liqueurs. Elle a coulé d'elle-même sans aucune pression et, comme l'on dit, en restant vierge, des olives de nos arbres qui sont sur ces collines, où je dirais que Minerve, qui a découvert l'olivier, habite de préférence à Athènes, si depuis longtemps dans les livres de mon *Afrique* je ne l'avais placée sur la rivière de Gênes à Porto-Venere et à Lerici (2). Adieu.

A la fontaine de la Sorgues, 20 avril (1347).

(1) L'abbé de Sade, ordinairement bien renseigné, déclare que le dénouement de cette affaire est resté inconnu.
(2) *Afrique*, VI, 850-861.

V (1). — *A Giovanni Colonna, cardinal.*

Invité simultanément à recevoir la couronne de laurier à Paris et à Rome, il lui demande son avis.

Je suis à la jonction embarrassante de deux chemins et je ne sais lequel prendre. L'histoire est merveilleuse mais courte. Aujourd'hui, vers neuf heures du matin, on m'a remis une lettre du sénat dans laquelle je suis appelé à Rome de la manière la plus pressante et la plus persuasive pour recevoir le laurier poétique. Ce même jour, vers quatre heures du soir, un messager m'a apporté pour le même objet une lettre de l'illustre Robert (2), chancelier de l'université de Paris, mon compatriote et mon grand ami. Il m'engage par les raisons les plus flatteuses à aller à Paris. Eût-on jamais prévu un pareil événement au milieu de ces rochers ? Et comme le fait semble presque incroyable, je vous ai envoyé les deux lettres munies de leurs sceaux. L'une m'appelle à l'orient, l'autre à l'occident. Vous

(1) *Lettres familières*, IV, 4.
(2) Robert de Bardi.

verrez par quels puissants arguments on me presse des deux côtés.

Je sais bien que dans presque toutes les choses humaines il n'y a rien de solide. Dans la plupart de nos vues et de nos actes si je ne me trompe, nous nous faisons illusion. Toutefois, comme l'imagination des jeunes gens est plus avide de gloire que de vertu, pourquoi (puisque vous me donnez la hardiesse de me glorifier familièrement devant vous), pourquoi ne serais-je pas aussi glorieux de cela que le fut jadis le plus puissant des rois des l'Afrique, Syphax, lorsqu'au même moment les deux plus grandes villes de tout l'univers, Rome et Carthage, sollicitèrent son amitié ? Cet hommage s'adressait à son royaume et à ses richesses ; celui-ci s'adresse à moi. Aussi ses suppliants l'ont trouvé assis sur un trône superbe, parmi l'or et les pierreries, entouré de gardes armés ; les miens m'ont rencontré seul, le matin, me promenant dans les bois, et le soir dans les prairies sur les bords de la Sorgues. On m'offre un honneur ; on lui demandait un secours.

Mais comme la joie est ennemie de la réflexion, j'avoue que si je suis joyeux de cette aventure, je ne sais que résoudre. Je suis poussé d'un côté par l'attrait de la nouveauté, de l'autre par le respect de l'antiquité ; ici par un ami, là par la patrie. Ce qui fait pencher un des bassins de la balance, c'est que le roi de Sicile (1) est en Italie et que de tous les humains c'est lui que je préférerais avoir pour juge de mon talent. Vous voyez les fluctuations de mes idées. Vous qui n'avez pas craint de mettre la main à leur gouvernail, vous dirigerez de vos conseils mon esprit flottant. Adieu.

A la fontaine de la Sorgues, 1ᵉʳ septembre, au soir (1340).

VI (2). — *Au même.*

Il suivra le conseil qu'il lui donne de se faire couronner à Rome.

Non seulement je reçois mais j'adopte votre conseil, car il est magnifique et très digne de votre sagesse et de votre bonté. Je ne crains pas que vous soyez ami de votre patrie, car vous êtes plus ami de la vérité. J'irai où vous voulez. Si par hasard on s'étonne de mon choix, j'en dirai

(1) Robert II, d'Anjou.
(2) *Lettres familières*, IV, 5.

d'abord les motifs à ceux qui s'en étonneront, et de plus je leur opposerai votre nom. Souvent l'autorité tient lieu de raison. Il me reste maintenant à savoir comment je m'excuserai auprès de mon ami Robert (1), en sorte que non seulement lui avec qui je m'entendrai facilement mais encore cette grande université se jugent satisfaits si, par hasard, la chose vient à s'ébruiter. Mais nous en parlerons amplement de vive voix, car j'apprends qu'il arrive en personne dans l'intention de m'amener à Paris. Si cela est, l'affaire s'arrangera en tête-à-tête.

Quant à ce que vous me demandez à la fin de votre lettre, je ne puis rien vous répondre avant d'y avoir longtemps réfléchi, à moins de vouloir imaginer une fable. Cette histoire est en dehors de mes habitudes et, ce qui me rend complètement étranger à cette demande, des soins tout différents m'ont occupé pendant ce temps-là ; or Salluste a dit avec raison : *L'esprit prévaut où on l'applique* (2). De plus l'aventure est ancienne et l'espace de plusieurs années l'a effacée de ma mémoire. C'est pourquoi, comme dit Plaute, *la*

---

(1) Robert de Bardi, chancelier de l'université de Paris.
(2) *Catilina*, LI.

longueur du temps trouble mes souvenirs (1).
Mais je vous en parlerai aussi de vive voix. Adieu.

A la fontaine de la Sorgues, 10 septembre (1340).

VII (2). — *A Philippe de Cabassole, évêque de Cavaillon.*

Son vœu le plus ardent est de vivre et de mourir à Vaucluse.

Depuis longtemps mon esprit inquiet et avide de s'entretenir avec vous est en travail. Mais au milieu des difficultés du temps et des peines de mon âme, je suis forcé d'aller tout droit au but qui, suivant les philosophes, est la première chose pour qui pense, et la dernière pour qui agit. Vous verrez quel est le but que je me propose et auquel j'aspire ardemment. Je ne dirai rien des moyens d'y parvenir ; le lieu, le temps, l'impatience du messager et le bruit que l'on fait autour de moi m'empêchent d'aborder ce sujet. Et encore, ce but je ne l'ai pas exposé en prose ; mais

(1) *Epidicus*, 520-521.
(2) *Lettres familières*, XI, 4.

sachant la poésie amie de la brièveté, je l'ai résumé seulement en huit vers tels que le hasard les a offerts à mon imagination occupée parmi les soucis de la ville et les broussailles des forêts. Si en les lisant vous avez l'auteur devant les yeux, j'espère que vous comprendrez le vœu et la disposition d'une âme très fatiguée et très abattue. Adieu.

Aucun lieu dans tout l'univers ne m'est plus agréable que Vaucluse; aucun endroit ne convient mieux à mes études. Enfant, j'ai visité Vaucluse; jeune homme, j'y revins, et cette vallée charmante me réchauffa dans son sein exposé au soleil. Homme fait, j'ai passé doucement à Vaucluse mes meilleures années et les instants les plus heureux de ma vie. Vieillard, c'est à Vaucluse que je désire couler mes derniers jours; c'est à Vaucluse que je veux mourir dans vos bras.

VIII (1). — *Au même.*

Il lui annonce son retour à Vaucluse.

Ne pouvant maîtriser les regrets que m'avait causés une longue absence, et jaloux de revoir

(1) *Lettres familières*, XI, 10.

premièrement votre visage vénérable et vivement désiré, puis le reste épars et mutilé de mes amis, j'ai fourni, dans une saison défavorable, une route longue et difficile, l'âme aidant le corps, en sorte qu'on peut m'appliquer proprement ce mot du poète : *L'amitié a triomphé des rigueurs du chemin* (1). En ce moment, goûtant à la fontaine de la Sorgues le repos de votre campagne (2) solitaire, je me remets moi et mes membres des fatigues du voyage. Je vous écris donc d'ici à la hâte de peur qu'en apprenant mon retour par un autre, vous n'accusiez ma paresse. Sous peu je vous dirai le reste de vive voix, car j'irai bientôt vous voir, dès que je me serai débarrassé dans la claire fontaine de la crasse et de la poussière de l'été. Adieu.

27 juin (1351).

(1) Virgile, *Énéide*, VI, 683.
(2) L'évêque de Cavaillon était seigneur suzerain du village de Vaucluse.

IX (1). — *A Francesco Nelli, prieur de l'église des Saints-Apôtres, à Florence.*

Arrivée à Vaucluse de l'évêque de Florence.

La bonne foi n'existe nulle part, a dit Virgile (2). Plus je songe à ce mot, plus je le comprends, et plus j'avance en âge, plus j'en sens la vérité. J'ai été trompé par celui que j'aurais le moins soupçonné, par l'évêque de Florence (3), tout ce qu'il y a de plus sincère sous le soleil. Mais telle est ma destinée : il n'est personne qui ne soit capable de me tromper. Il avait dit qu'il viendrait à la fontaine de la Sorgues pour voir un endroit fameux dans tout l'univers et en même temps pour me voir et être témoin de mon genre de vie dans cette campagne. Ces conventions faites, il s'est rendu au sanctuaire de Saint-Antoine (4), se proposant de me visiter à son retour. Moi qui savais qu'il était pressé, je suis allé à ma cam-

(1) *Lettres familières*, XII, 12.
(2) *Énéide*, IV, 373.
(3) Angelo Acciaiuoli.
(4) A Vienne en Dauphiné.

pagne où j'avais déjà réuni auparavant avec un soin contraire à mes habitudes tout ce que comporte la nature des lieux, pour le recevoir plus somptueusement que je ne reçois d'ordinaire mes amis d'un rang moins élevé. Bref, il a eu horreur de ce repas poétique, il ne s'est point rappelé cette parole du poète : *Osez, cher hôte, mépriser les richesses; vous aussi montrez-vous digne d'un dieu et ne rougissez pas de notre indigence* (1); il n'a pas daigné venir là où jadis le roi de Sicile, Robert, la gloire de notre siècle, et après lui beaucoup de cardinaux et de maîtres de la terre, sont venus soit pour voir la fontaine, soit (je n'ai pas honte de me glorifier devant vous) pour me voir; ou bien, ce que j'aimerais mieux penser, ni moi qui ne suis pas le dernier de ma race, ni cette fontaine qui, si je ne me trompe, est la première entre toutes, ne lui avons paru mériter qu'il se détournât un peu de sa route à une distance d'environ trois milles. Mais quoique je fusse indigne d'un hôte si éminent, il était digne, lui, de garder sa parole.

J'en étais là de ma lettre et j'allais pousser plus loin lorsqu'un grand cri se fait entendre à

(1) *Énéide*, VIII, 364-365.

la porte et l'évêque arrive en personne, afin que j'apprenne tous les jours à l'école de l'expérience que les soucis et les plaintes des hommes sont vains. Pour que vous le vissiez aussi de vos yeux, je vous ai envoyé cette lettre quoique superflue. Adieu.

A la fontaine de la Sorgues, 23 mai, à trois heures de l'après-midi (1352).

X (1). — *Au même.*

Sa fausse réputation de poète sauve Rienzi de la peine capitale.

Qu'attendez-vous? Voulez-vous entendre la fin de la dernière lettre que je vous ai adressée, afin de pleurer et de rire? En ce moment, je n'ai vraiment rien à faire d'important; que dis-je? j'ai beaucoup de choses à faire, mais le peu de temps m'empêche de m'appliquer aux choses importantes, et encore ce peu de temps est semé de mille obstacles : car je suis sans cesse en mouvement, tout est bruit autour de moi, je suis à la

(1) *Lettres familières*, XIII, 6.

fois ici et là, et par conséquent nulle part. C'est le mal ordinaire de ceux qui changent de lieu. Sorti enfin de Babylone (1), je me suis arrêté vers la fontaine de la Sorgues, dans le port très connu de mes tempêtes. Là j'attends mes compagnons de voyage et la fin de l'automne, ou du moins ce temps décrit par Virgile, quand *le jour est plus court et le soleil moins ardent* (2). Pendant ce temps, pour que mon séjour à la campagne ne soit point inoccupé, je recueille les fragments de mes pensées élaborées, afin que chaque jour, s'il est possible, ajoute quelque chose à mes grands travaux ou achève une petite composition. Vous recevrez dans cette lettre ma tâche d'aujourd'hui.

La poésie, ce présent divin qui n'est donné qu'à peu d'hommes, commence à être répandue, pour ne pas dire à être profanée et prostituée. Il n'est rien que je supporte avec plus d'indignation. Vous, ami, si je connais votre humeur, vous ne pourriez en aucune sorte souffrir cette indignité. Jamais à Athènes ou à Rome, jamais du temps d'Homère et de Virgile, on n'a parlé des poètes

---

(1) Avignon.
(2) *Géorgiques*, I, 312.

autant que de nos jours sur la rive du Rhône, quoique jamais en aucun lieu et en aucun temps on n'ait moins compris, selon moi, la portée de ce nom. Je veux que vous calmiez votre bile par le rire et que vous sachiez plaisanter dans la tristesse.

Nicolas Rienzi est venu dernièrement à la curie, ou, pour mieux dire, il n'y est pas venu, il y a été amené prisonnier. Jadis tribun au loin redouté de la ville de Rome, il est maintenant le plus malheureux de tous les hommes. Et, pour comble d'infortune, je ne sais s'il n'est pas aussi peu digne de pitié qu'il est très malheureux, lui qui, ayant pu mourir avec tant de gloire au Capitole, a supporté, à sa grande honte, à celle du nom romain et de la République, d'être renfermé dans la prison d'un Bohême (1), puis dans celle d'un Limousin (2). On sait peut-être plus que je ne voudrais combien cette plume a été prodigue envers lui de louanges et d'avertissements. J'aimais sa vertu, je louais son dessein, j'admirais son courage. Je félicitais l'Italie, je prévoyais l'empire de l'auguste Rome et la paix du monde

(1) Charles IV, roi de Bohême.
(2) Clément VI, né au château de Maumont, dans le diocèse de Limoges.

entier. Je ne pouvais dissimuler la joie qui germait de tant de racines, et je croyais participer à toute cette gloire en excitant sa course par les aiguillons de mes paroles qui, témoin ses messagers et ses lettres, agissaient fortement sur lui. Je n'en étais que plus animé, et je m'évertuais à imaginer quelque chose qui enflammât cette âme ardente. Sachant bien que rien n'échauffe plus un cœur généreux que la gloire et les louanges, je lui adressais des éloges magnifiques et peut-être exagérés au jugement de plusieurs, mais très vrais selon moi, et, en vantant le passé, je l'encourageais pour l'avenir. Quelques-unes des lettres que je lui ai écrites existent, et aujourd'hui je n'en rougis pas entièrement : car je n'ai pas coutume de deviner et plût au Ciel que lui-même n'eût pas dévié! Certes, ce qu'il faisait et ce qu'il promettait de faire quand j'écrivais était très digne non seulement de ma louange et de mon admiration, mais de celles de tout le genre humain. Je ne sais cependant si ces lettres ne devraient pas être effacées pour cela seul qu'il a mieux aimé vivre honteusement que de mourir honorablement. Mais il n'y a pas à délibérer sur l'impossible; lors même que je désirerais vivement les détruire, je ne le pourrai pas; tombées entre les mains du public, je n'ai plus de droit sur elles. Je continue donc mon récit.

Il entra dans la curie humble et méprisé, celui qui a fait trembler d'épouvante les méchants dans l'univers entier et qui a rempli les bons des plus belles espérances. Cet homme, accompagné jadis de tout le peuple romain et des premiers citoyens des villes d'Italie, entouré maintenant à droite et à gauche de deux satellites, marchait tristement, rencontrant sur ses pas un peuple avide de voir le visage de celui dont il avait entendu naguère le nom si célèbre. Il était pourtant envoyé par le roi romain au pontife romain (1). O admirable commerce!... Je n'ose pas dire la suite, je ne voulais pas parler de cela, mais m'en tenir à mon sujet. Dès qu'il fut arrivé, le souverain pontife chargea aussitôt d'instruire sa cause trois des princes de l'Eglise (2), auxquels il fut enjoint de voir quel genre de supplice méritait celui qui a voulu délivrer la République. *O temps! ô mœurs* (3)! O exclamation qu'il me faut souvent

(1) Par Charles IV à Clément VI.
(2) Les cardinaux de Boulogne, de Talleyrand et de Deux.
(3) Cicéron, *Discours contre Catilina*, I, 1.

répéter! Il est digne, je l'avoue, de tous les supplices, parce que ce qu'il a voulu, il ne l'a point voulu avec autant de persévérance qu'il aurait dû et comme l'exigeaient l'état des choses et la nécessité ; parce qu'ayant pris la défense de la liberté, alors qu'il pouvait écraser à la fois tous les ennemis de la liberté, faculté que la fortune n'avait accordée à aucun général, il les a congédiés en armes (1).

(1) Déjà le peuple accourait en foule (*pour assister à l'exécution des barons*), lorsque quelques bourgeois considérés s'approchèrent de Rienzi et cherchèrent par des paroles affectueuses à lui faire abandonner son dessein. Ils y réussirent. Il était neuf heures : c'était le moment où l'assemblée devait commencer. Les barons amenés, les trompettes sonnèrent pour annoncer le jugement. Alors Rienzi monta à la tribune, et, dans un discours qui avait pour texte ces paroles de l'oraison dominicale : « Pardonnez-nous nos offenses », il excusa la conduite antérieure des barons, et assura qu'ils étaient désormais disposés à servir le peuple suivant leur devoir. Ensuite, les ayant reçus en grâce en son nom et au nom du peuple romain, il voulut les gagner de nouveau par des bienfaits. Il renouvela à l'instant même plusieurs dignités de l'ancienne Rome, et, sur sa proposition, le peuple créa patriciens et consuls Stefano Colonna, le comte Bertoldo, Rainaldo et Orso Orsini. En outre, Giovanni Colonna fut créé général en chef des troupes urbaines; Giordano Orsini, consul et patricien, en même temps que surveillant des subsistances de la ville; enfin Cola Orsini reçut le commandement de l'armée mu-

DEUXIÈME PARTIE

O sinistres et profondes ténèbres qui, au milieu des plus grands efforts, obscurcissent souvent les yeux des mortels! S'il voulait n'être fidèle qu'à la seconde partie de son surnom, et non à celle qui était nécessaire à la maladie de la République (car il avait coutume de se dire sévère et clément), si donc il avait résolu de n'exercer que sa clémence envers les parricides publics, il pouvait leur laisser la vie en leur ôtant tout moyen de nuire, et surtout en les dépouillant de leurs superbes citadelles. Il en aurait fait ainsi pour la ville de Rome au lieu d'ennemis des citoyens, ou au lieu d'ennemis redoutables des ennemis méprisables. Je me rappelle que je lui ai écrit à cet égard une lettre non oiseuse (1). S'il y avait

---

nicipale en Tuscie. Quelques-uns seulement eurent hors de Rome divers endroits assignés pour leur séjour. Mais tous durent jurer fidélité et obéissance au peuple et au tribun et promettre de combattre quiconque essayerait de troubler le bon ordre de la ville. Rienzi donna à chacun un riche vêtement et une bannière sur laquelle étaient brodés des épis d'or, puis il s'assit à table avec eux. Après le repas, il traversa à cheval la ville, dans leur compagnie, et les congédia. Le 17 septembre, pour achever la réconciliation, Rienzi fit célébrer, à Santa-Maria-di-Araceli, une messe solennelle où les barons et lui reçurent ensemble le corps de Notre-Seigneur (Papencordt, *Rienzi et Rome à son époque*; tr. Boré, p. 157.)

(1) *Lettres diverses*, 48.

ajouté foi, la République serait sur un autre pied, Rome aujourd'hui ne serait point esclave ni lui prisonnier. Certes, je ne vois pas comment ni cet acte ni ce qui suit peut être excusé. Il avait d'abord pris sur lui la défense des bons et la ruine des méchants ; peu de temps après, changeant tout à coup de volonté et de conduite, au grand péril et à la consternation des bons, il se mit à favoriser les méchants et à se fier entièrement à eux, et plût au Ciel qu'il n'eût point choisi les pires parmi les méchants ! Lui-même en sait peut-être la cause, car je ne l'ai pas vu depuis ; mais quelque motif que cet homme éloquent puisse imaginer pour colorer sa faute, ce motif ne saurait être vrai. J'ai adressé là-dessus une autre lettre à Rienzi, lorsque la République n'était pas encore tombée, mais chancelante (1). Mais en voilà assez. Je parle en effet avec trop d'ardeur, et, comme vous voyez, je m'arrête plein de tristesse à chaque pas de mon discours. J'avais mis dans cet homme la dernière espérance de la liberté italienne. Je le connaissais et je l'aimais longtemps avant qu'il eût assumé cette tâche si glorieuse, et depuis je m'étais laissé aller à l'honorer et à l'admirer.

(1) *Lettres familières*, VII, 7.

Aussi, plus j'ai espéré, plus je m'afflige maintenant que mon espoir m'est enlevé. Je l'avoue, quelle qu'ait été la fin, je ne puis pas encore ne point admirer le commencement.

Il est venu sans être enchaîné, seule chose qui manquât à la honte publique, mais dans un appareil qui lui ôtait tout espoir de fuir. En entrant dans la ville, le malheureux s'informa de moi et demanda si j'étais à la curie, soit qu'il attendît de moi une assistance que je me sais incapable de lui donner, soit qu'il se souvînt seulement de la vieille amitié que nous avions contractée jadis dans ces mêmes lieux. Maintenant le salut de cet homme, duquel dépendaient le salut et la conservation de tant de peuples, dépend d'autrui. Sa vie et sa réputation sont également en danger. Vous ne serez pas surpris si, au prononcé de la sentence, vous apprenez qu'il est infâme et exterminé. Le corps de tout mortel, même le plus saint, peut être exterminé, mais la vertu ne craint ni la mort ni l'infamie; elle est inviolable; nul outrage, nulle arme ne saurait l'atteindre. Plût à Dieu qu'il n'eût pas terni lui-même son honneur soit par lâcheté, soit en changeant de résolution ! Il n'aurait rien eu à redouter de cette sentence que pour son corps. Il est vrai que, même maintenant, sa réputation ne court aucun risque aux yeux de ceux qui apprécient la vraie gloire et le faux déshonneur non d'après l'opinion vulgaire, mais d'après des marques plus certaines et qui soumettent les actes des hommes illustres au tribunal de la vertu et non de la fortune. Mon sentiment s'appuie sur la nature du crime qu'on lui reproche. On ne l'accuse point de s'être attaché aux méchants, d'avoir abandonné la liberté, d'avoir fui du Capitole quand il ne pouvait nulle part vivre plus honorablement, nulle part mourir plus glorieusement. Quoi donc? On ne lui reproche qu'une chose, et si pour cela il est condamné, il ne me paraîtra point infâme, mais décoré d'une gloire éternelle. Il a osé, dit-on, vouloir que la république fût florissante et libre et que Rome devînt le siège de l'empire romain et de la puissance romaine. O crime digne du gibet et des vautours! Un citoyen romain a vu avec douleur sa patrie, qui est la maîtresse légitime du monde, devenue l'esclave des hommes les plus vils. Oui, voilà le chef d'accusation; c'est pour cela qu'on demande le supplice.

Dans cette situation (pour que vous sachiez enfin pourquoi j'ai commencé et que vous ayez sujet de rire après la tristesse), j'ai appris par les lettres de mes amis qu'il restait à Rienzi un seul espoir de salut ; c'est l'opinion accréditée dans le public qu'il était un poète très célèbre. Ainsi maltraiter un tel homme adonné à une étude si sacrée semble un sacrilège. Cette belle pensée, dont Cicéron s'est servi devant les juges en faveur d'Aulus Licinius Archias, son maître, s'est répandue dans le public. Je ne la reproduis point ici, parce qu'il y a deux ans, sur votre désir à tous, je vous ai transmis en Italie ce discours que j'avais rapporté jadis du fond de l'Allemagne, quand je visitais ces lieux avec une ardeur juvénile. Vous le possédez et vous le lisez avec intérêt, témoin les lettres qui me viennent de là.

Que vous dirai-je maintenant ? Je me réjouis, en vérité, et je me félicite plus que l'on ne saurait dire de ce que les Muses sont encore aujourd'hui en si grand honneur, et ce que vous admirerez davantage, parmi des gens qui ne les connaissent point, qu'elles peuvent, par leur seul nom, sauver un homme qui sous d'autres rapports est odieux à ses juges. Qu'auraient-elles obtenu de plus sous César-Auguste quand on leur rendait les plus grands honneurs, quand les poètes accouraient à Rome de tous les pays pour contempler la face auguste d'un prince unique, ami des poètes et maître du monde ? Qu'aurait-on alors, je le demande, accordé de plus aux Muses que d'arracher au péril de la mort un homme, digne de quelle haine et accusé de quel crime, je ne m'en inquiète pas, mais à coup sûr odieux, accusé, convaincu, s'avouant coupable, et, de l'avis unanime des juges, passible de la peine capitale ?

Je me réjouis, je le répète, et je le félicite, lui et les Muses, lui d'un tel secours, les Muses d'un tel honneur. Je n'envie point à l'accusé sans espoir et réduit à l'extrémité ce nom salutaire de poète. Si cependant vous me demandez mon avis, Nicolas Rienzi est un homme très éloquent, qui sait persuader et qui a du goût pour la parole. C'est aussi un écrivain agréable et élégant dont le style, sans être abondant, est harmonieux et coloré. Il a lu, je crois, tous les poètes qui ont de la réputation, mais pour cela il n'est pas plus poète qu'il n'est tisseur parce qu'il porte un vêtement tissu des mains d'autrui. Pour mériter le nom de poète il ne suffit pas seulement d'avoir fait des vers, et ce mot d'Horace est très vrai : *Ne dites pas qu'il suffit de tourner un vers, et si quelqu'un écrit, comme moi, des phrases qui sentent la prose; ne croyez pas qu'il soit poète* (1). Toutefois, Rienzi n'a pas fait un seul vers qui soit venu à mes oreilles, car il n'a point appliqué à cela son esprit, sans quoi, si facile que soit la chose, on ne fait rien de bien.

J'ai voulu vous apprendre tout cela afin que vous plaigniez le sort de celui qui s'est fait jadis le libérateur public, que vous vous réjouissiez de son salut inespéré, mais en même temps que vous vous indigniez et que vous riiez avec moi de la cause de ce salut, et que vous vous disiez : « Si (Dieu veuille que cela arrive !), sous le bouclier poétique, Nicolas a échappé à tant de périls, à quoi Virgile n'aurait-il point échappé ? » Eh bien, Virgile périrait sous de tels juges pour une autre raison, c'est qu'il passerait non pour poète, mais pour nécromancien. Je vais vous le dire pour vous faire rire davantage. Moi-même qui suis plus que personne ennemi de la divination ou de la magie, ces excellents juges, à cause de mon amitié pour Virgile, me traitent quelquefois de nécromancien. Voilà où en sont venues nos études ! O sottises haïssables et risibles ! Afin que vous connaissiez tout en goûtant de tout, et que

---

(1) *Satires*, I, 4, 40-43.

vous conceviez ce qu'il faut penser des petits par l'exemple des grands, je vais ajouter une autre illustre bouffonnerie.

J'ai à Babylone (1) un ami puissant et très respectable (2) ; je me sers de l'ancienne et libre manière de parler, en vertu de laquelle Cicéron appelle le grand Pompée son ami, et Pline salue son cher Vespasien. Car, s'il faut user du langage moderne servile et adulateur, j'ai un maître distingué et vénérable. Toutefois, de quelque manière que je m'exprime, on peut dire avec vérité que c'est un homme d'élite, le premier parmi les premiers, le plus excellent parmi les plus grands, la gloire du cardinalat, doué d'une rare prudence, capable par sa sagesse de gouverner très aisément le monde, en outre versé dans la littérature et d'un esprit élevé. Mais Salluste a eu raison de dire: *L'esprit prévaut où on l'applique* (3). Donc ce grand personnage, dans les entretiens familiers dont il m'honore souvent, chaque fois que l'on venait à parler de quelqu'un qui avait appris à grand'peine soit à dire trois mots en public, soit à dicter une lettre, me faisait

(1) Avignon.
(2) Le cardinal Giovanni Colonna.
(3) *Catilina*, LI.

ordinairement cette question d'un air curieux pour ne pas dire étonné : « Cet homme dont nous parlons est-il poète? » Je me taisais, n'ayant rien à répondre. Comme il me faisait souvent cette demande au sujet de certains scolastiques qui écrivaient d'un style lourd et fatigant par routine plutôt que par méthode, j'eus peine une fois à me retenir de rire. En homme très fin, il remarqua l'expression de mon visage et insista vivement pour que je lui dis la vérité. Alors, avec la familiarité que, suivant son désir, j'apporte ordinairement dans toutes mes conversations avec lui, je blâmai respectueusement l'ignorance d'une si belle chose dans un si grand esprit. Je lui reprochai de ne pas connaître au moins les premières limites si étendues d'un art dans lequel nous savons que jadis les maîtres du monde, tout occupés qu'ils étaient des affaires publiques, avaient exercé avec un zèle enthousiaste leur haute intelligence. Après lui avoir cité quelques exemples, dont vous n'avez pas besoin, je conclus en lui montrant que les poètes étaient moins nombreux qu'il ne croyait. Je dissertai succinctement en raison du temps sur l'origine de la poésie, sur ses règles, sur son but, et principalement sur la rareté incroyable des poètes dont parle Cicéron à la fin de son *Orateur* (1). Ce grand homme, savant sur tout le reste, et nullement indocile sur ce point, m'écouta avec une profonde attention, parut saisir avidement ce que je disais, me le répéta souvent ensuite, et depuis ce jour-là s'abstint de ces sortes de questions.

Quant à vous, vivez heureux et portez-vous bien. Si vous le jugez à propos, quand vous aurez lu la lettre d'aujourd'hui et celle d'hier, envoyez-les à Naples, à notre Zanobi, afin que lui et mon ami Barbato, si par hasard il a quitté le port de Salmona pour les orages de Parthénope, partagent notre rire et notre indignation.

A la fontaine de la Sorgues, 10 août (1352).

(1) *De l'Orateur*, I, 3.

XI (1). — *A Pierre de Rainzeville, abbé de Saint-Bénigne de Dijon.*

Sa passion pour l'étude. Il est assailli par les versificateurs de tous les pays.

Chose étrange ! j'ai envie d'écrire et je ne sais ni sur quoi ni à qui écrire. Et cependant le charme qui m'entraîne est si puissant que le papier, la plume, l'encre et les veilles me sont plus agréables que le sommeil et le repos. Bref, je suis toujours tourmenté et abattu tant que je n'écris pas, et par une ambiguïté rare, fatigué au sein du repos je me repose dans la fatigue. On dirait que mon âme est dure comme le marbre et véritablement issue des pierres de Deucalion ; quand elle s'est penchée tout entière sur les parchemins et qu'elle a lassé mes doigts et mes yeux, elle ne sent ni le froid ni le chaud, il lui semble qu'elle est couchée sur le lit le plus moelleux, elle craint d'être arrachée à cette occupation et elle se cramponne aux membres qui refusent de lui obéir. Quand la nécessité veut qu'elle s'en dé-

(1) *Lettres familières*, XIII, 7.

tâche, elle commence aussitôt à se fatiguer et elle accepte son loisir, comme un âne paresseux que l'on force à gravir sous une charge excessive une montagne rocailleuse. Ensuite elle revient à sa tâche non moins avidement que l'âne harassé retourne à son râtelier plein, et elle se ranime par de longues élucubrations comme celui-ci par la nourriture et le repos. Que faire donc puisque je ne peux ni cesser d'écrire ni supporter le repos? Je vous écrirai, non parce que cela vous intéresse fort, mais parce que je ne vois personne dans mon voisinage qui soit plus avide que vous de ce qui est extraordinaire, et surtout de ce qui me concerne, qui scrute plus avant ce qui est caché, qui comprenne mieux ce qui est difficile et qui apprécie plus sagement ce qui est incroyable. Je viens de vous révéler une partie de mon état et des souffrances de mon esprit; je vais vous citer un trait qui redoublera votre étonnnement et qui vous prouvera que j'ai dit la vérité.

J'avais un ami avec lequel j'étais lié au suprême degré dans le temps où, embrasé pour mon *Afrique* d'un feu que ne connut jamais l'Afrique sous le signe du Lion, j'avais commencé cette œuvre qui est restée longtemps suspendue entre mes mains et qui seule, si j'ai quelque espoir de salut, calmera ou éteindra, j'imagine, la soif de mon âme haletante ; cet ami, me voyant accablé par un travail excessif, m'aborda à l'improviste et me pria de lui rendre un service pour lui très agréable et pour moi très aisé. Je lui dis que oui sans savoir ce qu'il voulait, ne pouvant rien lui refuser et sachant qu'il ne me demanderait rien qui ne fût inspiré par l'amitié la plus tendre. « Donne-moi, me dit-il, les clefs de ta bibliothèque. » Je les lui donnai d'un air étonné. Aussitôt il enferma là-dedans tous mes livres et tous mes instruments pour écrire, ferma soigneusement la porte et se retira en me disant : « Je te prescris dix jours de repos et, d'après notre convention, je te défends pendant ce temps-là de lire et d'écrire. » Je reconnus le jeu. Il avait cru que je resterais désœuvré ; pour moi il me sembla que je restais mutilé. Bref, cette journée s'écoula plus longue qu'une année non sans ennui ; le lendemain j'eus mal à la tête du matin au soir ; quand le troisième jour parut, je commençais à sentir de légers accès de fièvre. Mon ami, informé de cela, revint et me rendit mes clefs. Je guéris aussitôt, et cet ami, voyant que le travail était, comme il disait, mon aliment, s'abstint désormais de semblable prière.

Que vous dirai-je donc? Est-il vrai que *la rage d'écrire soit incurable* comme toutes les autres, suivant le dire du Satirique (1)? J'ajoute, moi, que c'est une maladie contagieuse. Moi qui vous parle, combien de gens croyez-vous que j'ai infectés de cette contagion? Je me souviens qu'autrefois ceux qui faisaient des vers étaient rares ; aujourd'hui tout le monde en fait, ceux qui écrivent autrement sont rares. En ce qui touche mes contemporains, quelques-uns pensent qu'une grande partie de la faute retombe sur moi. Je l'avais souvent entendu dire, mais que le Ciel m'accorde la guérison souhaitée des autres maladies de l'âme (puisque je désespère de celle-ci) comme il est certain qu'à peine averti enfin par mille indices et pour ainsi dire reveillé, je commence seulement à m'apercevoir qu'il peut être vrai qu'en voulant m'être utile, j'aie nui sans m'en douter à moi-même et à beaucoup d'autres. Peut-être n'était-elle point injuste la plainte de ce vieux père de famille, qui jadis vint subitement à moi triste et presque en larmes. « Quoique j'aie toujous aimé votre nom, me dit-il, voyez comme vous m'avez payé de retour. Vous êtes

---

(1) Juvénal, VII, 52.

cause de la perte de mon fils unique. » Je fus d'abord saisi d'étonnement et je rougis ; l'âge de cet homme et l'expression de son visage qui annonçait une profonde douleur m'avaient ému. Puis, dès que je fus revenu à moi je lui répondis, ce qui était vrai, que je ne connaissais ni lui ni son fils. « Qu'importe, fit le vieillard, que vous ne le connaissiez pas ! Lui vous connaît très-bien ; mis par moi à grands frais à l'étude du droit civil, il dit qu'il aime mieux suivre vos traces. Ainsi me voila privé d'une grande espérance ; mon fils, comme je le prévois, ne fera ni un jurisconsulte ni un poète. » Ces paroles nous firent rire, moi et ceux qui étaient là ; le père se retira non moins triste. Je comprends maintenant que ce n'était pas de la risée qu'on lui devait, mais de la compassion et de la consolation, et que ses reproches et ses plaintes ne manquaient pas de justice. Car les fils de famille, soignant leurs intérêts et ceux de leurs amis, avaient coutume de s'adonner, les uns à la gestion de leur fortune, les autres au commerce, d'autres à la carrière bruyante du barreau, et en couchaient par écrit les actes. Aujourd'hui nous faisons tous la même chose, aujourd'hui se réalise complètement le mot d'Horace : *Ignorants ou habiles, nous versifions tous indistinctement* (1).

C'est une triste consolation de trouver beaucoup de gens qui partagent vos peines, j'aimerais mieux être malade tout seul; maintenant je suis tourmenté et de mes maux et de ceux d'autrui, et on ne me laisse pas respirer. Tous les jours, de tous les coins de mon pays il pleut sur ma tête des lettres et des vers. Et ce n'est point assez, je suis accablé d'un déluge de lettres venues de l'étranger, non seulement de France, mais de Grèce, d'Allemagne et d'Angleterre. On me prend pour arbitre de tous les esprits, moi qui ignore le mien. Je serais le plus occupé de tous les mortels si je répondais à chacun; je serais un censeur odieux si je les critiquais, un flatteur et un menteur si je les louais, un insolent et un orgueilleux si je me taisais. Ils craignent sans doute que ma maladie ne soit trop lente; je comblerai leurs vœux, pressé d'un côté par leurs aiguillons, de l'autre par mon ardeur. Il n'y aurait rien de désespéré si cette maladie secrète ne s'était glissée tout récemment, qui le croirait? jusqu'au sein de la curie romaine. Que pensez-

(1) *Épîtres*, II, 1, 117.

vous que fassent les jurisconsultes et les médecins ? Ils ne connaissent plus Justinien ni Esculape, ils n'entendent plus les cris perçants de leurs clients et de leurs malades ; ils sont devenus sourds dans l'enthousiasme que leur inspirent les noms d'Homère et de Virgile et en se promenant dans les vallons boisés de Cirrha au bruit de la fontaine d'Aonie. Mais pourquoi insister sur des prodiges qui ne sont pas les plus étonnants ? Les carrossiers, les foulons, les laboureurs, abandonnant les charrues et autres instruments de leur métier, parlent des Muses et d'Apollon. On ne saurait dire jusqu'où s'étend ce fléau qui ne comptait naguère qu'un petit nombre de victimes. Si vous en demandez la cause, c'est que c'est un art qu'il est très doux de goûter mais qui n'est conçu que par de rares génies, car il exige un détachement et un profond mépris de toutes choses, un esprit élevé et abstrait, et des aptitudes spéciales. Aussi, comme le démontrent à la fois l'expérience et l'opinion des hommes les plus savants, il n'est point d'art où l'étude fasse faire moins de progrès. C'est pour cela que vous vous réjoussiez peut-être et que moi je m'indigne de voir tant de poètes dans les carrefours et presque point sur l'Hélicon, parce que tous dégustent du bout des lèvres les rayons de miel des Muses et que pas un ne les digère.

Or je vous le demande, de quel prix et de quel agrément doit être pour ses vrais possesseurs un bien qui charme tellement ceux qui s'imaginent le posséder, qu'il force des gens bien qu'occupés et avares à oublier leurs affaires et leur argent, parmi toutes les vanités de notre siècle et tant de temps perdu ? Il est une chose dont je félicite ma patrie, c'est de voir qu'au milieu de l'ivraie funeste et de la paille stérile répandues dans tout l'univers, il s'élève dans son sein quelques talents jeunes et féconds qui, si l'amitié ne m'aveugle point, ne s'abreuveront pas en vain à la fontaine de Castalie. Je te félicite aussi, Mantoue chérie des Muses, et toi Padoue, et toi Vérone, et toi Ombrie (1), et toi, ma chère Sulmone, et toi, Parthénope, demeure de Virgile, je vous félicite quand je vois ailleurs de nouvelles bandes de versificateurs errant au loin dans des sentiers perdus, toujours dévorés d'une soif brûlante. En cela, comme je l'ai dit, j'éprouve un remords, celui d'avoir en quelque sorte alimenté à moi

---

(1) Tous les imprimés et tous les manuscrits portent invariablement *Cimbria*, qui n'a aucun sens. Nous lui avons substitué *Umbria*, qui désigne la patrie de Properce.

seul pour une bonne part toutes ces folies et d'avoir nui par mon exemple, ce qui n'est pas la moindre manière de nuire. Je crains que ces lauriers que je me suis empressé de cueillir prématurément, bien qu'ils m'inspirent, dit-on, des songes vrais, n'inspirent à plusieurs des songes faux, envoyés par la porte d'ivoire au milieu d'une nuit d'automne. C'est bien fait ; je reçois le châtiment de mes péchés, car je suis tourmenté chez moi et j'ose à peine sortir en public. Je rencontre de tous côtés des frénétiques qui me questionnent, me saisissent, enseignent, disputent, querellent, tenant un langage que n'a jamais connu ni le pâtre de Mantoue, ni le vieillard de Méonie (1). Je m'indigne et à la fin j'ai peur que le magistrat ne me traîne en justice, et ne m'accuse de corrompre la république.

Mais où suis-je entraîné ? Je disais tout-à-l'heure que je ne savais qu'écrire, et voilà une lettre remplie de pures bagatelles. Je disais que je ne savais à qui écrire, et pour lire ces bagatelles je n'ai trouvé personne qui convînt mieux que vous. Si vous demandez pourquoi, je vous ai allégué une raison. J'en ajoute une autre : c'est

---

(1) Ni Virgile ni Homère.

(pour passer enfin du plaisant au sérieux) afin que vous soyez plus indulgent si, assailli et obsédé par les poèmes et les poètes de tout l'univers, aux lettres que vous et notre commun maître (1) m'avez adressées en route, je n'ai répondu autrement que par la vérité. J'ai reconnu dans ces lettres des marques évidentes de sa bonté et de votre affection. J'ai suivi son ordre et votre conseil. Je me disposais à partir quand, cédant à votre autorité, je me suis arrêté et j'ai attendu impatiemment tant que j'ai pu. Dieu m'est témoin que je n'ai point été retenu par les espérances que le cardinal m'offrait dans sa lettre. Je ne crains pas de me glorifier devant vous de ne connaître personne qui ait moins d'ambition que moi. Je n'ambitionne presque rien, vous en savez la cause : c'est parce que je ne désire presque rien. J'ai attendu afin de voir au moins une fois avant mon départ les traits vénérables de cet illustre et excellent homme, pour ne point parler de vous devant vous. Une fois parti, je serai condamné probablement à une longue et amère privation de sa présence. J'ai passé deux mois à attendre là où vos lettres m'ont rencontré et, à la

---

(1) Le cardinal de Boulogne.

fin, vaincu par les ennuis de la curie, j'ai cédé, je l'avoue, et je me suis retiré mais pas plus loin que vers ma solitude de la fontaine de la Sorgues, où j'ai coutume de me remettre des fatigues de la curie par une alternative très agréable. C'est donc là que je suis maintenant, c'est là que je vous attendrai jusqu'à la dernière nécessité. Quoique j'aie vécu plusieurs années dans cet endroit dès ma première jeunesse, je ne sais comment cela se fait, soit que cet air nourrisse des esprits moins sensibles aux impressions étrangères, soit que ce vallon écarté et pour cela nommé Vaucluse ne reçoive pas les souffles du dehors, aucun poète ne s'est encore formé à mon contact, à l'exception seule de mon métayer (1) qui, déjà vieux, commence, comme dit Perse, *à rêver sur le Parnasse à double cime* (2). Si cette maladie se propage, c'en est fait. Pasteurs, pêcheurs, chasseurs, laboureurs et jusqu'aux bœufs eux-mêmes ne mugiront que des vers et ne rumineront que des poèmes. Adieu, pensez à moi et portez-vous bien.

A la fontaine de la Sorgues (1352).

(1) Raymond Monet, qui en même temps gardait avec un soin pieux la bibliothèque de Pétrarque.
(2) *Prologue,* 2.

XII (1). — *A Francesco Nelli, prieur de l'église des Saints-Apôtres à Florence.*

Sa vie à Vaucluse.

Je passe l'été à la fontaine de la Sorgues. Ce qui s'ensuit, vous le devinez sans que je le dise, mais si vous voulez que je parle je le ferai en peu de mots. J'ai déclaré la guerre à mon corps. Que Celui, sans le secours duquel je succomberais, me vienne en aide aussi vrai que ma bouche, mon ventre, ma langue, mes oreilles et mes yeux me paraissent souvent non mes propres membres mais des ennemis cruels !

Je me souviens qu'une foule de maux me sont venus de là et principalement des yeux qui m'ont entraîné dans toutes sortes de précipices. Je les ai tellement emprisonnés que, sauf le ciel, sauf les montagnes et les fontaines, ils ne voient presque rien, ni or, ni pierreries, ni ivoire, ni pourpre, ni chevaux (excepté deux tout petits, qui avec un seul domestique me promènent autour de ces vallées), enfin pas un visage de

(1) *Lettres familières*, XIII, 8.

femme, hormis celui de ma fermière. Si vous le voyiez vous croiriez voir un désert de la Libye ou de l'Ethiopie; c'est un visage entièrement desséché et littéralement brûlé par les ardeurs du soleil, qui n'a ni fraîcheur ni suc. Si la fille de Tyndare avait eu un pareil visage, Troye serait encore debout aujourd'hui ; si Lucrèce, si Virginie lui avaient ressemblé, ni Tarquin n'aurait été chassé du trône, ni Appius n'aurait fini ses jours en prison. Mais après la description de sa figure, pour ne point omettre les louanges que mérite son caractère, autant son visage est noir, autant son âme est candide. Elle est un exemple frappant de la laideur de la femme ne nuisant aucunement à son caractère. Je me serais peut-être étendu là-dessus, si Sénèque n'avait traité abondamment ce sujet dans ses lettres à l'égard de son ami Claranus (1). Ma fermière a cela de particulier que quoique la beauté soit l'apanage de la femme plutôt que de l'homme, elle en sent si peu la perte qu'on croirait que la laideur lui sied. Rien de plus fidèle, de plus humble, de plus laborieux. Sous le soleil le plus ardent, quand les cigales supportent à peine

---

(1) *Lettres à Lucilius*, LXVI, 1.

la chaleur, elle passe des journées entières dans les champs, et sa peau durcie brave le Cancer et le Lion. Le soir, de retour à la maison, cette pauvre vieille apporte aux soins domestiques un corps si infatigable et si invincible qu'on dirait une jeune fille qui vient de se lever. Pendant ce temps pas un murmure, pas une plainte, pas un signe d'humeur, mais un soin incroyable de son mari, de ses enfants, de mes gens, et des hôtes qui viennent me voir et un mépris incroyable d'elle seule. Cette humble femme, dure comme la pierre, a pour lit la terre, jonchée de sarments; pour aliment un pain presque terreux; pour boisson du vin semblable à du vinaigre et coupé d'eau. Si on lui offre un mets délicat, comme depuis très longtemps elle en a perdu l'habitude, tout ce qui flatte le goût lui semble amer. Mais c'en est assez sur une fermière qui ne pouvait trouver place que dans une lettre champêtre. Voilà comment je châtie mes yeux.

Que dirai-je de mes oreilles? Le chant et les délicieux accords de la flûte et du luth, qui ont coutume de me ravir hors de moi-même, n'existent plus pour moi; tout ce charme s'est dissipé dans l'air. Ici je n'entends absolument que les rares mugissements des bœufs, le bêlement des troupeaux, le chant des oiseaux et le murmure continuel des eaux. Et ma langue, avec laquelle j'ai souvent rendu le courage à moi-même et peut-être quelquefois aux autres, elle est maintenant immobile et se tait souvent du matin au soir, car elle n'a que moi à qui parler.

Quant à ma bouche et à mon ventre, je les ai façonnés de telle sorte que le pain de mon bouvier me suffit souvent et souvent même me délecte, et que le pain blanc, que j'ai fait venir d'ailleurs, ce sont mes serviteurs, qui l'ont apporté, qui le mangent. Tant l'habitude me devient un plaisir! Aussi mon fermier, qui pour moi est très complaisant et pour lui dur comme la pierre, ne me chicane que sur ma nourriture, laquelle, dit-il, est trop grossière pour qu'on puisse la supporter longtemps. Je crois au contraire qu'une telle nourriture peut être supportée plus longtemps que la bonne chère qui incommode beaucoup et *ne saurait être continuée cinq jours de suite*, au dire du Satirique, (1). Les raisins, les figues, les noix et les amandes sont pour moi un régal. Je me délecte des petits poissons dont cette rivière abonde, mais surtout

(1) Juvénal, XI, 206-207.

lorsqu'on les prend. J'assiste à la pêche avec plaisir et j'aime à manier les hameçons et les filets.

Que dirai-je de mes vêtements et de mes chaussures? Tout est changé. Cette mise n'est point la mienne; je dis la mienne à cause de l'étrange vanité avec laquelle j'aimais à être regardé jadis parmi mes égaux, sans blesser l'honnêteté, si je ne me trompe, et en gardant les convenances. On me prendrait pour un laboureur ou un pâtre. Ce n'est pas que je manque d'habits plus élégants; la seule cause de mon changement de costume est que ce qui m'a plu jadis me déplaît maintenant. Les liens qui m'enchaînent sont rompus, les yeux auxquels je désirais plaire sont fermés; et fussent-ils ouverts, je ne crois pas qu'ils exerceraient aujourd'hui sur moi leur empire accoutumé. Quant à mes yeux, rien ne leur plaît davantage que de me voir libre et dégagé.

Que dirai-je de mon habitation? On la prendrait pour la maison de Caton ou de Fabricius. J'y demeure avec un chien et deux serviteurs seulement, ayant renvoyé les autres en Italie. Plût à Dieu que je les eusse renvoyés tous dans l'Inde pour ne les revoir jamais, ces grands perturbateurs de mon repos ! Mon fermier occupe une maison contiguë ; je l'ai toujours sous la main quand j'ai besoin de lui, mais de peur que sa complaisance ne dégénère en importunité, je vais bientôt le séparer de moi par une petite porte. J'ai acquis là deux jardins qui conviennent on ne peut mieux à mes goûts et à mon plan de vie. Si j'essayais de les décrire, je n'en finirais pas. En somme, je doute que l'on trouve un tel site dans tout l'univers, et s'il faut avouer une faiblesse féminine, je suis indigné que pareille chose existe hors de l'Italie. J'appelle ordinairement l'un de ces jardins mon Hélicon transalpin, car situé dans un endroit élevé et garni d'ombrages, il n'est propre qu'à l'étude et il est consacré à notre Apollon. Il domine la source de la Sorgues et au delà il n'y a que des rochers et des lieux non frayés accessibles seulement aux animaux sauvages et aux oiseaux. L'autre jardin, voisin de la maison, est plus agréable à l'œil et cher à Bacchus. Chose étonnante ! il est situé au milieu de la rivière la plus rapide et la plus belle. Tout près de ce jardin s'élève une voûte séparée seulement par un petit pont du derrière de la maison. Cette voûte, taillée dans le roc vif, empêche maintenant de sentir les ardeurs de l'été. C'est un lieu qui excité à l'étude, et j'imagine qu'il ressemble au petit portique où Cicéron avait coutume de déclamer, avec cette différence que celui-ci n'était point baigné par la Sorgues. C'est donc sous cette voûte que je passe le milieu du jour ; le matin, je me promène sur les collines ; le soir, dans les prés et dans ce jardin plus inculte près de la fontaine où l'art a vaincu la nature. Ce jardin est situé au haut d'un rocher et au milieu des eaux, dans un lieu étroit à la vérité mais plein d'ardents aiguillons, grâce auxquels mon esprit, tout paresseux qu'il est, peut s'élever aux plus sublimes méditations. Bref, je pourrais peut-être vivre là si l'Italie n'était pas si loin et si Avignon n'était pas si près. Car pourquoi dissimuler ma double faiblesse ? L'amour de l'une me caresse et me chatouille ; la haine de l'autre me pique et m'irrite. Quoi d'étonnant que cette odeur infecte, qui empeste le monde entier, souille par son voisinage immédiat la pureté innocente d'un petit champ ? Cette odeur me chassera d'ici, je le sens. En attendant, vous voyez mon état. Je ne désire rien que vous et les rares amis qui me restent ; je ne crains rien que de retourner dans les villes. Adieu.

XIII (1). — A Zanobi da Strada, humaniste florentin.

Il le remercie de l'intérêt qu'il porte à sa réputation.

Il me serait difficile de dire combien je fais de cas du cas que vous faites de moi. Je vous avais conseillé de quitter pour un temps votre patrie et pour toujours les écoles de grammaire. Vous m'avez obéi presque aussi vite que la parole, et vous avez brisé glorieusement les nœuds les plus solides : l'amour du sol natal et la puissance de l'habitude. Vous goûtez enfin la liberté qui vous est due avec d'autant plus de douceur qu'elle est plus tardive. Car si la servitude n'est jamais plus amère que lorsqu'on a senti la liberté, la liberté n'est jamais plus douce que lorsqu'on songe à la servitude passée. Que Dieu tout-puissant seconde mon conseil et votre docilité, et j'espère qu'il le fera. Vous vous êtes assis sous un ombrage salutaire ; vous vous relèverez plus robuste et plus dispos. A mes yeux, dès maintenant, vous jouissez

---

(1) *Lettres familières*, XIII, 9.

d'un honneur plus digne et d'un titre plus éclatant; vous n'êtes pas seulement pour moi un grammairien, mais un poète. J'ai reçu avec la vôtre une lettre de ce seigneur très bon et très grand (1). Je ne sais ce que je dois faire. Car si je réponds ce que je sens, je crains de passer pour flatteur, ce que je ne voudrais pas; je crains si je ne le dis pas, de passer pour ingrat; si je dis autrement, pour insensé; si je ne dis rien, pour orgueilleux. Je lui répondrai toutefois dans la langue dont il s'est servi pour m'écrire et je lui dirai ce qui me viendra à la pensée. Je ne vous dirai de sa lettre qu'une chose : on ne peut rien voir, selon moi, de plus aimable, de plus concis, de plus efficace, de plus délicat. Si j'avais pu douter auparavant que l'éloquence fût en grande partie un don naturel et que l'étude eût moins d'action sur cet art que sur les autres, je n'en doute plus aujourd'hui. Mais c'est une question importante qui demande un autre temps et un autre lieu. Je passe à votre lettre.

En recevant non seulement sans murmure mais encore avec reconnaissance et avec joie mon observation sur un petit défaut de votre pièce de

(1) Niccolò Acciaiuoli, grand-sénéchal du royaume de Sicile.

vers commis sans doute par inadvertance, vous faites, comme toujours, ce qui convient à un esprit tel que le vôtre, vous donnez une marque bien connue de savoir et de modestie. Assurément vous n'auriez jamais dit cela si vous n'étiez tel, et je ne vous aurais pas fait cette remarque si je ne vous connaissais tel. En vous montrant le défenseur et le prôneur de mes écrits, vous faites une chose utile pour moi et honorable pour vous, mais, croyez-moi, non facile. Vous entreprenez une lourde tâche, mais continuez, je vous prie, et faites ainsi. Quoique vous disiez le contraire, et, comme l'amitié excelle à persuader, que vous le pensiez peut-être, je sens bien que toutes mes productions ont besoin du patronage de mes amis et de la patience des auditeurs, car elles sont faibles, incultes et souvent échappées d'un esprit très occupé ailleurs. Ce que vous faites spontanément, faites-le donc sur ma prière. Fortifiez comme vous pourrez les parties faibles, ornez les parties incultes, réunissez les parties éparses. Vous ferez la première chose par la force de votre esprit, la seconde par votre éloquence, en usant tour à tour de la douceur ou de l'âpreté de la parole, la troisième par l'art de la disposition. Je vous indique les armes par lesquelles vous m'aiderez. Vous ne persuaderez ni vous ni moi que je n'ai pas besoin d'aide, car selon moi il ne manquera jamais de gens dont tout le talent consiste à tendre des pièges aux talents d'autrui. Certes, pour moi, ni par la retraite, ni par la solitude, ni par le repos, ni par un redoublement de modestie envers les autres, je n'ai pu obtenir jusqu'à présent que l'envie détournât de dessus mes pas ses yeux obliques. J'ai fait contre ce fléau tout ce qu'il est possible de faire, excepté une seule chose que je n'ai point faite et que je ne veux point faire : je ne me suis livré ni au sommeil ni à la paresse. Excepté cela, je ne sais pas ce qu'elle attend, à moins que ce ne soit le dernier jour de ma vie. Alors, du moins, je l'espère, la honte écartera du seuil de mon tombeau l'envie qui me poursuit sans relâche. Courage donc, cher ami; pendant ce temps-là vous défendrez ma réputation non sans en recueillir de la gloire. Je louerais cette ardeur de votre âme, lors même que je n'en aurais pas besoin; mais, comme je l'ai dit, j'en ai besoin. Faire la cour aux puissants est un appui vulgaire ; la vraie grandeur d'âme consiste à porter secours aux faibles. L'accusé délaissé est protégé avec plus de gloire et c'est dans la défense d'une cause douteuse que se réveille surtout l'éloquence d'un grand avocat. Aussi n'est-ce pas sans l'applaudissement des auditeurs que ce vers retentit sous les voûtes des grammairiens : *Son éloquence donna de la force à une faible cause* (1); quoique ce soit là une pure invention de Lucain, car Cicéron n'a point été dans les champs de la Thessalie, mais il a paru avec raison le seul capable de porter aux oreilles du chef le langage et les vœux de tous.

Il me reste à me féliciter moi et ma plume si, comme vous me l'écrivez, pour rétablir l'amitié entre ces deux seigneurs magnanimes (2), nous avons eu tous deux autant de crédit que nous le méritions peu, attachement à part. Outre les mille obligations que je leur ai, j'avoue que je leur suis très reconnaissant de s'être montrés si faciles envers moi. Quant à ce que vous me demandez à la fin, que je remercie pour vous ce seigneur très libéral, je le ferai puisque je vois que vous le voulez absolument. Adieu.

A la fontaine de la Sorgues, 10 août (1352.)

(1) Lucain, VII, 67.
(2) Niccolò Acciaiuoli et Giovanni Barili.

XIV (1). — *A Mathieu Longus, archidiacre de Liége.*

Eloge du chien.

Votre chien, plus noir que la poix, plus léger que le vent, plus fidèle qu'un chien, après votre départ, *s'arrêta et se trompa de route,* comme Virgile le dit de Créuse (2), car je ne pense pas qu'*il succomba à la fatigue,* comme ajoute le poëte. Aucune course, aucune difficulté, aucune aspérité du chemin ne pouvait lasser celui dont l'agilité incroyable a coutume de devancer l'oiseau et le lièvre suspendu en l'air. La fatigue entretient les animaux généreux ; un repos immodéré les tue. Ainsi donc, ayant rebroussé chemin sans nul doute par erreur et non par lassitude, et ne sachant où vous suivre puisqu'il avait perdu vos traces, que ferait-il dans sa tristesse ? Irait-il dans les bois chercher sa nourriture par ses propres soins ? Il le pouvait très aisément et sans nul effort si la nature mère ne s'y opposait en vou-

(1) *Lettres familières,* VIII, 11.
(2) *Enéide,* II, 739.

lant que cet animal ne vive pas loin de l'homme. Car de tous les animaux qui sont sous la dépendance de l'homme il n'y en a point, dit-on, de plus fidèle que le chien ni qui se sépare plus difficilement de l'homme.

Nous avons ouï dire que certains peuples entretinrent pour la guerre, au lieu de mercenaires, des armées de chiens qui, chaque fois qu'il le fallut, s'acquittant très fidèlement de leur tâche, ne refusèrent jamais le combat. Nous lisons que des chiens se sont exposés à la mort pour leurs maîtres, et que d'autres ont défendu les leurs bravement et heureusement. D'autres ont défendu leurs maîtres avec autant de fidélité, mais moins de succès, jusqu'à ce qu'ils fussent eux-mêmes percés de coups, en sorte que tant que le chien ne fut pas tué, le maître fut complètement à l'abri de l'offense. D'autres, survivant à la mort de leurs maîtres et criblés de blessures, ont persisté quand même, et, n'ayant pu défendre contre les hommes le corps qu'ils chérissaient, ils l'ont du moins protégé contre les outrages des bêtes fauves et des oiseaux. Il en est qui ont vengé la mort de leurs maîtres ; quelques-uns mêmes ont déterré de leurs ongles officieux leurs maîtres ensevelis ; par leurs morsures répétées et par leurs aboiements plaintifs ils ont découvert les meurtriers mêlés à la foule des spectateurs et les ont forcés de s'avouer coupables. D'autres, après la mort de leur maître, se sont privés de nourriture jusqu'à ce qu'ils en meurent. C'est ce qu'a fait un chien que j'ai bien connu après la fin cruelle et qui renouvelle mes larmes de l'excellent Seigneur de Padoue (1), qui ne m'a pas seulement obligé pendant sa vie, mais à la cendre et à la mémoire duquel je suis très redevable. Quelques-uns, dit-on, se sont couchés obstinément sur la pierre du tombeau et n'en ont été arrachés que morts de faim. D'autres ont sauté sur les bûchers qui consumaient les cadavres de leurs maîtres et ont été brûlés avec eux. Pline (2) et Solin rapportent un trait merveilleux. Le roi des Garamantes, disent-ils, revint de l'exil, grâce à deux cents chiens qui combattaient pour lui contre ses adversaires. Ils racontent un fait plus touchant qui s'est passé à Rome. Un chien ne pouvant être séparé de son maître condamné à mort le suivit dans sa prison. Quand le maître eut la tête tranchée le chien témoigna sa douleur par des hurlements affreux. Le peuple,

(1) Jacques de Carrare.
(2) *Histoire naturelle*, VIII, 61.

ému de pitié, l'ayant invité à manger il porta à la bouche de son maître la nourriture qu'on lui offrait. Enfin quand le cadavre du maître fut jeté dans le Tibre, on vit le chien le soutenir en nageant et en se plaçant sous ce cher fardeau, et c'est avec raison que, pour me servir du mot de Pline, *la foule accourut pour être témoin du dévouement de cet animal* (1). Les exemples de la fidélité canine, si je puis parler ainsi, sont innombrables.

Donc, après vous avoir perdu, où se dirigerait votre chien qui, fidèle à la nature et à son maître, d'un côté avait horreur de la solitude et de l'autre répugnait à la domination d'un étranger ? Il prit le seul parti qui lui restait dans son malheur ; il revint à la maison connue où il avait vécu heureux sous votre dépendance, où il avait souvent gagné la palme de la course et où il avait rapporté maintes fois des chevreuils et des lièvres tout sanglants. N'ayant trouvé là aucun de vos gens et bondissant avec des cris plaintifs contre la porte fermée, il excita la compassion de tous les assistants et le regret de votre départ. Je sentis alors ma perte et je m'aperçus que vous,

(1) *Histoire naturelle*, VIII, 61.

que je croyais présent, étiez absent. Dès que le chien me vit il gronda ; ensuite il me suivit volontiers à mon appel, en remuant la queue en signe de caresses. Maintenant il vient avec moi dans les bois, il combat sous moi, il s'élance sous mes auspices sur les bêtes fauves, et il m'amène souvent un butin très agréable. Il est tout prêt, si vous l'ordonnez, à retourner auprès de vous, et il est heureux toutefois que la fortune l'ait conduit vers un seuil ami. Adieu.

A la fontaine de la Sorgues, 25 août.

XV (1). *A dom Ubertino, abbé de Corvara près Bologne.*

Il s'excuse de ne pas lui communiquer son poème de *l'Afrique,* auquel il n'a pas encore mis la dernière main.

Il m'est difficile d'exprimer avec quelle joie j'apprends qu'un homme tel que vous sentez si bien la douceur de ma destinée qu'après avoir fait un examen approfondi de votre état avec vous

(1) *Lettres familières*, XIII, 12.

même, ou plutôt avec moi, disons mieux, avec nous, vous tournez de mon côté la proue de votre âme flottante afin que, battu par les mille tempêtes de la vie, vous vous réfugiiez auprès de moi vers ce séjour agreste et solitaire comme dans un port. Dieu veuille que vous ayez bien choisi ! Mais une soif ardente et intense a cela de particulier qu'elle ne dédaigne de puiser à aucune fontaine. Vous voyez Pythagore et Platon mendier d'abord à l'Egypte et ensuite à l'Italie ces flots de science qu'ils devaient répandre sur tout l'univers. Quant à vous, quelle est donc maintenant cette grande soif d'apprendre qui vous pousse vers le ruisseau chétif et troublé de mon génie ? Vous voulez que je vous enseigne, moi qui suis plus jaloux d'apprendre que d'enseigner. Vous ne songez point à cela, mais, enflammé d'un noble désir, vous frappez souvent et de la langue et de la plume à mon seuil aride. Eh bien, je vous ouvre la porte. Si vous trouvez en moi quelque chose qui puisse calmer votre soif, usez-en à votre gré, sinon, imitez les convives discrets, appréciez le bon vouloir de votre hôte et non le repos. Pour ma part je désire, comme dit Sénèque, transvaser en vous tout ce que j'ai,

Pour vous, à ce que je vois, adorateur fervent

de la vertu et des lettres, vous ne rêvez qu'à mon Scipion et à mon *Afrique*. Mais mon Scipion n'est pas encore arrivé dans mes vers à la perfection, et l'Afrique, que je possède depuis longtemps et que j'ai défrichée avec plus de peine que je ne croyais, n'a point encore reçu le dernier coup de sarcloir. Je n'ai pas encore écrasé avec le râteau les mottes inutiles; je n'ai point aplani, en faisant passer la herse, les inégalités de mon champ; je n'ai point élagué avec la faucille les feuillages et les pampres luxuriants, ni la haie garnie de ronces. Donc en tout le reste il sera fait selon vos désirs, en cela seul il vous faut user de patience. Souffrez, avant que je vous mette en possession du territoire africain, que je le parcoure encore un peu, tandis que je le puis, et que j'avise, autant qu'il est donné à un esprit faible et épuisé, à ce qu'il n'y ait rien de désagréable, je ne dis pas pour vos yeux qui approuvent tout ce que je fais, mais pour des regards plus sévères, ou que je fasse en sorte (ce que je crois très difficile) qu'il y ait plus de choses qui plaisent que de choses qui déplaisent. L'Afrique est, je l'avoue, la plus fertile partie du monde; Scipion est le meilleur des hommes; mais il n'est pas d'homme si vertueux ni de terre si féconde qui n'exige une culture assidue. Il ne suffit pas de cultiver une fois; il faut apporter tous ses soins si l'on veut recueillir une belle moisson soit de son champ, soit de son esprit. J'ajoute qu'il ne faut point vous hâter de juger des écrits, mais qu'il faut prendre en bonne part tout ce que vous lisez et vous en rapporter au temps. Si je n'ai pas répondu à toutes vos demandes, pardonnez-le, je vous prie, à mes occupations; si tout le monde les connaissait, chacun m'excuserait, beaucoup me plaindraient et quelques-uns peut-être me railleraient. Adieu.

A la fontaine de la Sorgues, 1er septembre.

XVI (1). — *A Gui de Boulogne, cardinal, évêque de Porto.*

Tourmenté du désir de quitter Avignon pour retourner en Italie, il ne se sent pas la force de l'attendre plus longtemps.

Vous m'avez retiré par une lettre que vous m'avez adressée en route la permission de m'en aller que vous m'aviez accordée de vive voix en

(1) *Lettres familières*, XIV, 7.

partant. Dans cette lettre, suivant votre merveilleuse bonté, vous me priez et vous me conseillez. Suivant mon humble dévouement, j'accepte comme des ordres vos prières et vos conseils. Vous me priez, dis-je, et vous me conseillez de ne pas bouger d'ici jusqu'à ce que vous soyez de retour ou que vous m'écriviez sur une affaire importante qui, dites-vous, m'intéresse et au succès de laquelle vous m'offrez de contribuer vous-même selon vos forces, avec une bienveillance et une générosité incroyables. Assurément, qui en cela appréciera ma joie ou mesurera ma reconnaissance ? Un si éminent personnage agir de la sorte envers un si petit, et ce qui redouble votre mérite, sans aucune prière de ma part, et sans que je le sache, quoique je n'attende de vous que de l'extraordinaire et du grand ! Que notre siècle me permette de le dire, ce n'est point là le langage de la coutume moderne. Je suis donc forcé d'admirer et de louer votre vertu et ma fortune. Présent ou absent, vous n'oubliez point les vôtres et vous ne cessez jamais de leur procurer des avantages et des honneurs. Pour moi, si j'ai mérité d'être un des vôtres, je suis heureux, car personne ne le mérite sans le secours de la vertu. Si je l'ai obtenu sans le mériter, je suis du moins fortuné et, comme l'on dit, né sous un astre bienveillant et favorable.

Désireux de vous obéir, je suis resté le pied levé à vous attendre non seulement pendant un mois, terme que vous aviez fixé à votre absence, mais pendant deux mois, ne cherchant rien de plus en attendant que de vous voir de nouveau. Je vous vois toujours, mais en ce qui est relatif à mes yeux avides et à votre visage céleste, une fois que je serai parti, si mon pressentiment ne me trompe pas, je serai longtemps sans vous revoir. Je pourvoyais donc volontiers à mes regrets futurs. Mais quoi? Ce roi, le plus grand des rois, qui vous est uni par l'affection et par le sang (1), les Parisiens, la Seine attrayante et quelque grave affaire vous retiennent, oublieux de votre promesse, au delà du temps fixé pour le retour. La triste Avignon et le Rhône impétueux m'ont retenu à contre-cœur jusqu'à présent. Enfin, las et rassasié des choses de la curie, et ne pouvant pas attendre plus longtemps, je me suis mis en route ce jour même, mais pour ne pas aller bien loin. Je m'arrêterai à la fontaine de la Sorgues tant que

(1) Le cardinal Gui de Boulogne était oncle du roi Jean qui avait épousé en secondes noces sa nièce Jeanne de Boulogne ou d'Auvergne.

je pourrai, espérant y apprendre l'heureuse nouvelle de votre retour.

Mais si vous persistez à rester, je partirai secrètement sans rien dire, trompant mes amis, qui, s'ils le pouvaient, voudraient me retenir éternellement malgré moi et malgré la fortune, et qui, en secondant leurs propres désirs, me perdent de vue, moi qui par amour pour eux ai souffert bien des choses vers lesquelles l'ambition ne m'aurait jamais poussé. C'est cet amour qui a mis la main sur moi et qui a retenu longtemps mon corps fatigué où mon âme n'était pas. L'autorité de vos commandements s'y est ajoutée dernièrement, comme je viens de le dire, et a enchaîné mon pied déjà levé. Or, si toute peine et toute difficulté sont d'autant plus insupportables qu'elles approchent plus de la fin, vous ferez plus de cas de cette prolongation de deux mois, que d'une année entière que j'aurais passée dans les mêmes lieux. Pour ce mérite, à défaut d'autres, je vous demande en dernier lieu de tenir compte de mon absence afin qu'elle ne nuise point à mes amis. Puisque vous méditiez pour moi quelque chose de grand (car ce qui est petit ne vous va pas), vous me ferez un vif plaisir si ce qui m'était destiné arrive à eux, afin qu'en jouissant de votre présence ils ne s'aperçoivent pas de mon absence. Car pour moi seul, vu le voyage si court de la vie, j'ai assez de provisions de route; j'en ai abondamment, j'en ai trop et je n'en demande pas davantage. Quant à vous, père plein de bonté, pardonnez-moi, je vous prie, si après vous avoir obéi volontairement et avec joie tant que j'ai pu, j'obéis tristement et à regret à la nécessité devant laquelle les rois et les princes courbent la tête. Portez-vous bien, ornement de l'Église.

A la fontaine de la Sorgues, 8 novembre (1352).

XVII (1). — *A Pons Samson, prévôt de l'église de Cavaillon.*

Il s'excuse d'être parti sans prendre congé de lui.

De grâce, que votre douceur et votre bonté me pardonnent, excellent messire, si je suis parti sans prendre congé de vous, ce que m'interdisait le dette d'un ancien dévouement et d'une nouvelle promesse. Il n'est rien que ne présume

(1) *Lettres familières*, XIV, 8.

l'âme qui a le sentiment d'une vive affection. J'ai espéré mon pardon, je l'avoue ; je me suis dit : « Il connaît mon caractère, mes travaux et mon cœur ; il ne refusera pas de pardonner à des occupations connues. » Car quoique je sois toujours très occupé, comme vous le savez, par un genre d'occupations nouveau et inusité, s'il est un degré plus haut que le superlatif, je suis depuis quelques jours tellement plus occupé que d'habitude que souvent je m'étonne et m'indigne tout bas et que je me demande à quoi bon, dans le cours si rapide de la vie, cette inquiétude des mortels et où tend une si grande peine d'esprit. Néanmoins je me flatte quelquefois en me disant que mes occupations procèdent non de l'entassement commun des choses vulgaires, mais d'une source plus pure, et je me consolerais de ma peine par ce remède si je ne savais trop que nous tous qui vivons nous nous trompons volontiers dans le jugement de ce qui nous concerne. Aussi est-il probable que, comme je me moque des goûts de plusieurs, plusieurs à leur tour se moquent des miens. Mais, j'ai toujours méprisé les jugements du vulgaire et non seulement j'ai méprisé ses mépris, mais je les ai regardés comme une bonne partie de ma gloire. Ce qui me tourmente bien plus, c'est que je n'approuve pas toujours mes études et mes veilles et qu'il me semble qu'il vaudrait beaucoup mieux renoncer à tous ces travaux auxquels je consacre ma peine et mon temps, dont la pénurie est si grande, pour commencer à faire une chose que je médite depuis longtemps et pour laquelle seule je suis venu dans cette courte et misérable vie. Mais à cette réflexion succède souvent celle-ci : ces études ne nuisent en rien à mon projet et peut-être même elles lui sont avantageuses. Incertain et hésitant entre ces deux partis, le manque de temps seul me déconcerte. Il en résulte que je suis souvent plus appliqué et plus occupé là d'où je cherche à me dégager. Du reste, parmi ces résolutions d'une âme voulant tantôt ceci, tantôt cela, la vérité prendra sa place.

Je reviens à mon excuse par où j'ai commencé. J'étais donc rappelé chez moi par des affaires non sans importance, comme je les aime. Je savais que si j'allais vous voir je me séparerais de vous bien difficilement ; les soucis me commandaient de me hâter, le jour rapide et court fuyait, la nuit allait tomber et, quoique monté sur un cheval hors d'haleine, elle me surprit en route. Excusez-moi, je vous prie, et pour que vous n'ayez pas un nouveau sujet de plaintes, sachez que j'ai l'intention de partir prochainement pour l'Italie. Comme nos projets nous trompent souvent, je ferai en hiver ce que j'avais décidé de faire en automne. Irais-je jusqu'aux Indes, vous me serez toujours et partout présent. Adieu.

A la fontaine de la Sorgues, 13 novembre (1352).

XVIII (1). — *A Francesco Nelli, prieur de l'église des Saints-Apôtres, à Florence.*

S'étant mis en route pour l'Italie, une pluie torrentielle l'a forcé à rebrousser chemin.

La nuit porte conseil : c'est un vieux proverbe dont j'approuve la vérité. Après avoir réuni à la fontaine de la Sorgues les effets que je porte très souvent avec moi dans cette saison, je m'étais mis en route le 16 novembre, comptant sur un beau ciel d'hiver, la chose du monde la plus inconstante et la plus incertaine. Ce qui me donnait de l'espoir, c'est que pendant l'automne et depuis jusqu'à ce jour on n'avait vu aucun nuage, pour

(1) *Lettres familières*, XV, 2.

ne pas dire aucune pluie. Ce qui me faisait peur, c'est ma destinée bien connue qui ne veut pas que je voyage sans chaleur ou sans pluie, et il était vraisemblable que le ciel allait répandre ce qu'il avait retenu. Bref, j'avais à peine mis le pied hors de la maison qu'une pluie fine semblable à un brouillard humide commença à tomber, suivie bientôt d'une pluie abondante. Je fus de mauvaise humeur et je reconnus ma fortune. De temps en temps je regardais en arrière et je formais le projet de retourner ; mais, comme cela arrive, pendant que mon imagination revenait sur ses pas, mon corps marchait en avant. Je ne fus pas longtemps dans cette alarme ; le jour baissait et le port était proche.

J'arrivai à Cavaillon, ville voisine, petite à la vérité, mais ancienne. L'évêque du lieu, Philippe (1), l'homme le meilleur du monde, plus ami que moi-même de mes avantages et de mes honneurs, et que je ne savais pas être malade, me reçut et me traita non comme un homme, mais, suivant son habitude, comme un ange de Dieu, pleurant presque de joie. Il croyait que je lui apportais sa guérison et que le remède de

---

(1) Philippe de Cabassol.

toutes les maladies était entré avec moi dans sa maison. Mais quand il sut que je m'étais rendu auprès de lui, non dans l'intention d'y rester mais afin de lui dire un dernier adieu, il devint triste et toute sa joie se changea en plaintes. Toutefois, suivant sa coutume, il m'engagea à m'arrêter dans ses foyers ou plutôt, comme il dit toujours et comme il le prouve par le fait, dans mes foyers. Il me pria de lui donner cette nuit pour l'ennuyer selon moi, pour recueillir selon lui les restes de la consolation qu'il attendait de moi. J'obéis sans peine, car on allait allumer les flambeaux, et ce n'était plus une pluie mais un déluge.

Cette nuit on ne dormit guère. Vers le milieu de la nuit un bruit d'abord léger, puis grossissant peu à peu et à la fin général, se répandit dans toute la maison. Les amis du prélat malade qui lui tenaient compagnie disaient que des peuples alpins étaient descendus pour faire la guerre jusqu'à Nice et que partout les routes étaient coupées par les coureurs. Je crus d'abord que c'était un conte imaginé par le plus tendre des pères pour me détourner de mon projet, car une amitié vive est très ingénieuse, comme le savent ceux qui l'ont éprouvée. J'envoyai donc quelques-uns de mes gens pour s'enquérir de la vérité et j'appris que ce n'était point une invention mais un fait connu et accrédité. Je commençais à chanceler dans ma résolution, je roulais mille pensées dans mon esprit, je délibérais longuement avec l'évêque. Celui-ci insistait de plus en plus pour que je renonçasse à mon projet si je voulais nous sauver lui et moi. Je persistais à vouloir partir quoique je pusse aisément changer de route. Ce qui me faisait choisir le trajet le plus incommode et le plus long, c'était le seul désir de voir mon frère que je n'avais pas vu depuis cinq ans et qui vit pour le Christ le long de cette route (1). Pendant que je faisais ces réflexions en moi-même et avec cet excellent père, le déluge croissait toujours. L'esprit fatigué, je me retirai dans ma chambre où je dormis, ce me semble, à peine une heure entière. Je me réveille plus tôt qu'à l'ordinaire pour réciter les matines suivant ma coutume, et je vois que l'eau passant à travers les tuiles a tout inondé. Retourné auprès de l'évêque qui ne dormait pas, je lui demande de nouveau et je me demande à moi-même ce que j'avais à faire, quelle résolution extrême je devais prendre. Une route était interceptée par la guerre, toutes

(1) Gérard Pétrarque, chartreux au monastère de Montrieu, près de Marseille.

l'étaient par l'inondation. Bref, pour employer le langage des historiens, la chose commençait à tourner vers la religion ; il me sembla que mon départ ne plaisait point à Dieu. S'ajoutait à cela la crainte de gâter mes livres dont mes bagages étaient composés en grande partie. Je sentis que les richesses nuisaient à la liberté, *craignant pour mon fardeau*, comme dit Virgile (1), moi qui ne craignais pas pour ma personne. Je serais parti certainement si j'eusse été libre. Mais je suis resté à la prière de l'évêque, contre toutes mes résolutions. J'ai renvoyé en Italie une partie de mes domestiques et je suis revenu presque seul à la fontaine de la Sorgues. J'y suis avec l'espérance que ce retard sera la cause de quelque bonheur inattendu ou la fuite de quelque malheur imprévu. Car peu confiant dans la sagesse humaine, comme un pilote vaincu par la tourmente, j'ai confié ma barque non aux vents ni aux flots, mais à Dieu sous la conduite duquel on ne saurait faire naufrage. Adieu.

A la fontaine de la Sorgues, 18 novembre (1352).

(1) *Enéide*, XI, 550.

XIX (1). — *A Zanobi da Strada, humaniste florentin.*

Sa vie à Vaucluse.

Je sais que vous vous étonnez et que vous vous dites tout bas : « En quel endroit du monde combat-il? » à moins que cet autre moi-même de fait et de nom qui, pendant que nous courons au loin, ne quitte pas le nid de la patrie (1), ne vous ait envoyé de Florence à Naples la lettre que je lui ai adressée à peu près sur le même sujet. S'il l'a fait, celle-ci sera inutile ; mais comme je crains ses occupations et que je connais votre désir, j'ai cru qu'il valait mieux dans le doute perdre une heure, si ce que je vous écris est superflu, que de soustraire à un ami par avarice de temps la connaissance nécessaire de ma situation. Vous saviez où je suis, ce que je pense, ce que je fais, et le bruit a couru que fuyant les orages de la

---

(1) *Lettres familières*, XV, 3.
(2) Francesco Nelli, prieur de l'église des Saints-Apôtres à Florence, auquel est adressée la lettre précédente.

curie, je regagnais l'Italie où les destins semblaient me montrer un séjour paisible.

Je m'étais mis en route dans la direction de Gênes sans autre motif que de voir en passant mon frère unique que je n'avais pas vu depuis un lustre entier. Ce frère, qui m'est plus cher par sa vertu que par le sang, a choisi près de cette route, pour servir le Christ en domptant sa chair, un lieu solitaire, au milieu des bois, nommé Montrieu. J'appris que vers le fleuve du Var, limite occidentale de l'Italie, la route était coupée par la guerre, certaines peuplades alpines s'étant répandues en armes jusque vers le rivage. Emu de ces bruits et des prières de mes amis, je changeai d'avis et je résolus de prendre un autre chemin. Déjà, pour gagner le mont Genèvre, je me dirigeais à gauche, lorsqu'une pluie soudaine inonda toute la contrée, quoique avant et après la sécheresse du ciel et de la terre ait été si grande qu'on ne se rappelle pas en avoir vu une pareille. Je m'arrêtai plein d'anxiété et j'ai rarement vu plus clairement ce que signifie ce mot de Virgile : *craindre pour un cher fardeau* (1). J'avais un précieux fardeau de livres et aux ouvrages des

---

(1) *Énéide*, XI, 550.

anciens était mêlé un peu de mes bagatelles dont je remplis aussi le papyrus de Memphis, non que faire cela soit ce qu'il y a de mieux, mais parce que ne rien faire est pour moi difficile, détestable, et de plus impossible et inaccoutumé. Dans cette situation je ne craignais point pour mon dos endurci à tout, dressé depuis longtemps à supporter non seulement la pluie mais la glace, la chaleur et la grêle, et habitué à toutes les fatigues et à tous les dangers. Je ne craignais point comme Enée *pour mon corps et pour mon fardeau* (1), mais comme Métabus *pour mon fardeau* (2) seulement; car, je l'avoue, je craignais pour mes chers bagages.

Que faire? *En ruminant tout dans ma tête*, comme dit Métabus (3), il me parut que la volonté en quelque sorte manifeste de Dieu s'opposait à mon départ. Je crus qu'il y aurait une témérité presque irréligieuse à violer pour ainsi dire de mon autorité privée la défense divine. Me souvenant donc de ce mot de Cléanthe : *Les destins mènent qui veut et entraînent qui ne*

---

(1) *Énéide*, II, 729. Il y a dans Virgile : *comitique onerique*. Pétrarque a mis : *lateri et oneri*.

(2) *Énéide*, XI, 550.

(3) *Ibid.*

veut pas, je cédai volontairement pour ne pas céder malgré moi. J'envoyai devant en Italie quelques-uns de mes serviteurs, moins pour suffire là-bas par leur présence aux besoins domestiques que pour me faire ici par leur départ une plus vaste solitude et un repos plus tranquille. Ils étaient à peine partis et ils étaient assez éloignés pour qu'on ne pût ni les rappeler ni les atteindre quand tout à coup la sérénité reparut. Elle dure déjà depuis plusieurs mois, elle avait duré plusieurs mois auparavant et elle semble devoir durer encore, à moins que celui qui règle les astres ne change d'avis ou, comme *le conseil du Seigneur demeure éternellement* (1), à moins qu'il n'annonce autre chose par de nouveaux effets. C'est pourquoi plus j'y songe, plus il me vient à l'esprit que, Dieu prévenant les périls humains, le désir qui m'entraînait en Italie a été refréné peut-être par des empêchements terrestres et célestes. Les choses que nous désirons nous sont seulement agréables, elles sont de plus connues de Dieu. Or, pourquoi ne croirais-je pas que c'est pour cette raison qu'une pluie comme on n'en vit jamais de mémoire d'homme est tombée

(1) *Psaumes*, xxxii, 11.

cette année, ce jour-là et à l'heure même de mon départ? Ainsi donc je revins par force à la fontaine de la Sorgues peu de jours après l'avoir quittée.

Avant que la lune rapide ait parcouru deux fois sa route immense, un des serviteurs que j'avais envoyés devant, comme je vous l'ai dit, revint auprès de moi. « Eh bien, me dit-il, à quoi pensez-vous ? En fuyant Charybde vous tournez la proue vers Scylla. Vous redoutez et avec raison les occupations de la curie, mais vous ne savez pas quelle masse d'occupations vous est réservée dès que vous aurez mis le pied en Italie. Vous ne savez pas quels bataillons d'amis le bruit de votre retour a fait surgir dès maintenant; à combien de tiraillements il faudra soumettre votre esprit que vous pensez recueillir; quel mouvement vous devrez vous donner non pour vos affaires mais pour celles des vôtres ; que de temps vous allez perdre, vous qui en avez tant besoin et qui en avez si peu ; que d'ennuis vous aurez à supporter pour satisfaire aux désirs de plusieurs. » Après m'avoir dit cela d'une manière générale, il m'expliqua tout soigneusement, alléguant des raisons plus évidentes que le soleil ; il ajouta même beaucoup de choses que je dois garder sous silence. Bref, il me parut parler non servilement, mais philosophiquement, mais divinement ! C'est pourquoi, après y avoir songé et resongé mille fois, voyant une mer orageuse là où j'avais cru trouver le port, j'ai dirigé ma barque d'après la tempête, j'ai enroulé les cordages, j'ai jeté l'ancre, j'ai fixé le gouvernail et j'ai amarré entre ces rochers ma carène fatiguée des tourmentes de la vie jusqu'à ce que le port apparaisse. Je ne retournerai point à la curie et je n'irai pas en Ausonie, à moins d'apprendre d'autres nouvelles.

Si vous me demandez ce que je fais là, *je vis assurément*. Attendez-vous que j'achève le vers : *et je traîne une existence en butte à tous les malheurs* (1)? A Dieu ne plaise ! Au contraire, je vis, je me porte bien, je suis heureux et je méprise ce qui rend tristes bien des gens. Voici quelle est ma vie. Je me lève au milieu de la nuit ; je sors de la maison de grand matin, j'étudie, je pense, je lis, j'écris aussi bien dans la campagne que chez moi. J'éloigne autant que je le puis le sommeil de mes yeux, la mollesse de mon corps, les voluptés de mon âme, la paresse de mon travail.

(1) Virgile, *Enéide*, III, 315.

Je parcours durant des journées entières des montagnes arides, des vallées fraîches et des grottes. Je me promène souvent sur les deux rives de la Sorgues, sans rencontrer un importun, sans un compagnon, sans un guide, si ce n'est mes soucis de jour en jour moins âpres et moins cuisants. Parcourant ces rives en amont et en aval, je me rappelle le passé et je songe avec quelle sûreté il voit l'avenir Celui de qui il a été dit : *C'est dans votre lumière que nous verrons la lumière* (1) et sans lequel l'humanité chassieuse regarde en vain à travers les ténèbres. Tout mon espoir est d'être guidé par lui ; je fais du moins tout ce qui dépend de moi pour ne pas lui opposer de résistance. Déjà, comme l'Apôtre, *oubliant le passé* autant que je puis, *j'étends mes regards en avant* (2). Il m'a été donné dans mon exil une grande consolation : c'est que j'ai su me faire à ce lieu et que, s'il le faut, je crois que je saurai me faire à tous les lieux pourvu que ce ne soit pas Avignon dominant les eaux agitées et troubles du Rhône.

Je n'ai pas voulu, cher ami, vous laisser

---

(1) *Psaumes*, xxxv, 10.
(2) S. Paul, *Epître aux Philippiens*, III, 13.

ignorer ces événements, si toutefois vous les ignorez encore, de peur que vos lettres en me cherchant de tous côtés ne s'égarassent sur des routes incertaines. Je suis à la fontaine de la Sorgues, comme je vous l'ai dit, et puisque la fortune l'a voulu ainsi, je ne cherche point un autre lieu et je n'en chercherai point jusqu'à ce qu'elle change son arrêt comme elle fait souvent. En attendant, je me crée ici par la pensée Rome, Athènes et même ma patrie. Tous les amis que j'ai ou que j'ai eus, non seulement ceux que j'ai éprouvés par un commerce intime et qui ont vécu avec moi, mais ceux qui sont morts bien des siècles avant moi, que j'ai connus par le seul bienfait des lettres, dont j'admire soit les actes et le courage, soit le caractère et la conduite, soit le langage et le génie, je les rassemble souvent de tous les lieux et de tous âges dans cette petite vallée, et je me trouve au milieu d'eux avec plus de plaisir qu'avec ceux qui se figurent vivre lorsque, respirant je ne sais quoi d'infect, ils voient la trace de leur haleine dans l'air froid. J'erre ainsi libre et tranquille, seul avec de tels compagnons. Je suis autant que possible avec moi ; je suis souvent aussi avec vous et avec ce seigneur très bon et très grand que, chose étrange, je vois à toute heure sans l'avoir vu jamais (1). Que mon nom, je vous prie, ne tombe point dans l'oubli auprès de lui tant que vous pourrez lui parler. Adieu.

A la fontaine de la Sorgues, 22 février (1353).

XX (1). — *A Andrea Dandolo, doge de Venise.*

Il se disculpe du reproche de trop aimer les voyages.

J'apprends, ce que je soupçonnais tout bas, que vous vous étonnez qu'errant çà et là et ne m'arrêtant définitivement nulle part, je ne me sois pas encore choisi une demeure fixe. Après avoir passé à peine une année entière dans un endroit de l'Italie, j'ai coutume tous les deux ans de me rendre d'Italie en France et de France en Italie. Ne pouvant le nier, je vais en expliquer la cause à vous pour que vous ayez pitié de moi, aux autres gens de bien pour qu'ils me pardonnent, au vulgaire pour qu'il n'aboie pas. Je sais que Sénèque a dit avec raison : *La meilleure marque d'un es-*

---

(1) Niccolò Acciaiuoli, grand-sénéchal du royaume de Sicile.

(1) *Lettres familières*, XV, 1.

prit bien fait est de pouvoir rester en place et demeurer avec soi-même (1). Mais je n'ignore pas que plusieurs qui ne sont jamais sortis des limites d'un petit champ ont toujours été mobiles et inconstants dans leur âme et dans leurs pensées, et que d'autres au contraire, dans une pérégrination perpétuelle, se sont montrés pleins de fermeté et de constance. De grands généraux et de grands philosophes dont vous vous souvenez très bien ont voyagé, tandis que Vatia, s'il vivait encore, serait renfermé et enseveli dans sa terre, et que Buta ronflerait des jours entiers, veillerait des nuits entières et ne dépasserait jamais la porte de sa chambre à coucher. Vous connaissez aussi ces personnages que Sénèque lui-même a rendus fameux dans ses lettres et auxquels il a donné en s'en moquant un nom immortel (2). Les Apôtres ont voyagé et ont parcouru pieds nus les contrées les plus éloignées. L'un a été envoyé à Éphèse, l'autre en Syrie, celui-ci en Achaïe, celui-là à Rome, cet autre dans les Indes, cet autre en Egypte. Leurs corps erraient dans les lieux les plus âpres et étaient ballottés sur terre et sur

---

(1) *Lettres*, II.
(2) Vatia et Atilius Buta, dont parle Sénèque dans ses Lettres LV et CXXII.

mer; leurs cœurs étaient attachés au ciel. Les corps de nos apôtres (1), au contraire, reposent sur des lits d'or, mais leurs âmes vagabondent sur terre et sur mer. Parmi ceux-là, je le demande, en qui donc reconnaîtrons-nous cette marque d'une âme bien réglée, en ceux qui ne changent pas de lieu ou en ceux qui ne changent pas de résolution? Je n'oublie pas non plus ce que j'ai dit souvent et ce que j'aime à répéter : le poète grec, ainsi que le nôtre, qui suit ses traces (2), ont vu les choses humaines de plus haut que tous les philosophes et quand ils décrivent le caractère et les mœurs d'un homme parfait, ils le montrent errant dans tout l'univers et apprenant partout quelque chose de nouveau. Ils n'ont pas cru qu'un homme tel qu'ils le rêvaient pouvait exister en habitant perpétuellement le même lieu. Mais, comme ces considérations ne m'atteignent peut-être pas, laissant de côté les excuses présomptueuses et qui excitent l'envie, je viens à celle qui, je vous l'ai dit, doit exciter votre compassion.

Vous, le plus grand ami des gens de bien, qui jadis en voyageant beaucoup avez acquis une foule de connaissances, qui maintenant par votre

(1) Les cardinaux.
(2) Homère et Virgile.

mérite occupez avant l'âge le rang le plus élevé de la plus noble des républiques, et qui pour la liberté et le salut de tous, vous êtes renfermé volontairement dans une prison brillante, mais éternelle, je sais que vous me verriez avec plaisir, après la milice errante de la vie, camper enfin quelque part auprès de vous pour y passer dans le repos le restant de mes jours. Sachez que rien ne me serait plus agréable et plus enviable, mais que rien ne me paraît plus difficile. Depuis longtemps je dirige de ce côté mon gouvernail, mais la violence de la tourmente l'entraîne ailleurs malgré moi et en dépit de tous mes efforts. Et puisque je vous sens ainsi disposé et que je vous connais assez bon pour prêter familièrement votre oreille occupée aux entretiens de vos amis les plus humbles, je vous avoue que j'ai éprouvé dès ma jeunesse le désir de me conformer au vers d'Homère, d'*examiner les mœurs et les villes de beaucoup d'hommes* (1), et de contempler avec une vive curiosité les terres inconnues, les montagnes les plus hautes, les mers fameuses, les lacs renommés, les fontaines cachées, les fleuves célèbres et les différents sites des lieux. Je croyais pouvoir ainsi devenir savant facilement, rapide-

(1) *Odyssée*, I, 3.

ment et sans ennui, avec beaucoup de plaisir au contraire, ce qui a toujours été un de mes premiers vœux. Il me semblait en quelque sorte que l'agitation de l'esprit et du corps dissiperait l'ignorance. Mais j'ai assez erré, j'ai assez couru, j'ai assez cédé à mon désir. Il serait temps de dire au porte-enseigne de mon âme ce qu'un centurion romain disait au sien : *Porte-enseigne, plante l'étendard, nous serons très bien ici* (1). Et assurément le parcours et la visite jusqu'à satiété de nombreux pays, l'ardeur de la jeunesse qui se refroidit et se change peu à peu en une tiédeur tranquille, faisant naître l'appétit du repos dû à ma nature et à ma profession, tout cela éteint le goût d'errer à l'aventure. Mais que faire? Quiconque croira jamais quelque chose de moi peut m'en croire : si je rencontrais sous le ciel un endroit bon ou plutôt non mauvais, pour ne pas dire détestable, je m'y arrêterais de bon cœur et pour toujours. Mais comme si j'étais couché sur un dur grabat, je me tourne de côté et d'autre et je ne trouve pas le repos que j'appelle de tous mes vœux. C'est pourquoi, ne pouvant soulager ma lassitude par un lit mollet, je le fais par le déplacement. Je voyage donc et je semble devoir voyager sans

(1) Tite-Live, V, 55.

fin, car lorsque je suis fatigué de la dureté d'un lieu, je me transporte vers un autre qui n'est pas plus doux mais dont l'âpreté est adoucie du moins par la nouveauté. C'est ainsi que je suis ballotté, n'ignorant point qu'il n'y a ici-bas aucun lieu de repos, mais qu'après beaucoup de fatigues il faut gémir et soupirer après le repos; et ce qu'il y a de plus grave, je le dis avec raison, c'est que parmi tant de peines et tant de tourments de la vie, il faut trembler au sujet des peines éternelles et des tourments perpétuels.

« Mais, dira-t-on, combien de gens mènent une vie calme et tranquille dans ces mêmes lieux où vous êtes agité ! » A cela je réponds : « Combien de gens dans ces mêmes lieux sont plus inquiets et plus agités que moi ! » Je ne dirai pas avec Virgile que les âmes ont *une origine céleste* (1), ni avec Cicéron que l'âme nous vient de ces feux éternels que nous appelons astres et étoiles, afin, comme le prétend Sénèque, que la volubilité de ces feux célestes excuse la volubilité des âmes qui naissent d'eux. Mais je dis que les âmes ont été créées et introduites dans les corps par Dieu, que *la résidence de Dieu est au ciel*, comme dit

(1) *Enéide*, VI, 730.

le Psalmiste (1), et que le ciel a un mouvement perpétuel que nous voyons de nos yeux. Il n'est donc point étrange que nous tirions quelque ressemblance du lieu où habite notre créateur. Je ne sais d'où cela vient, mais je sais que la passion de voir des lieux inconnus et de changer de pays, qui se rencontre surtout chez les âmes les plus nobles, est innée en moi. Je ne nie point qu'il faille réprimer et modérer cette passion par le frein de la raison. Mais, croyez-moi, et, comme vous en avez fait l'expérience, vous me croirez plus aisément, cette curiosité de courir le monde a je ne sais quoi de doux et de pénible, tandis que ceux qui ne bougent pas de place ressentent toujours avec le repos un ennui particulier. Je pense donc que ce qu'il y a de meilleur en cela et dans les autres passions des hommes est connu de Dieu seul. Certes, s'il est quelqu'un qui place la vertu non dans l'âme mais dans les lieux, et qui appelle l'immobilité constance, les goutteux doivent lui paraître constants; mais les morts sont plus constants et les montagnes encore plus constantes. En voilà assez.

On dira peut-être que je cherche des arguments

---

(1) *Psaumes*, X, 5.

pour excuser ma maladie. Je ne nie point que je suis atteint d'une maladie de l'âme dangereuse, et Dieu veuille qu'elle ne soit pas mortelle! mais je n'impute point à mon lit la honte de mon mal pour m'absoudre. Oui, je le répète, cela se voit sans que je le dise, je suis malade. Rendez-moi la santé, je souffrirai plus courageusement, mais mon lit n'en sera ni plus doux ni plus agréable. Le lit de cette vie sur lequel je suis étendu fatigué est un lit âpre, horrible, malpropre, inégal, rocailleux, et est un supplice même pour les mieux portants. Je ne sais pourquoi quelques-uns reposent sur ce même lit; peut-être, plongés dans un profond sommeil, ne sentent-ils pas ce qui m'oppresse, ou y trouvent-ils un plaisir que j'ignore au milieu de mes tourments. D'ailleurs qui empêche de penser librement que je suis atteint des fièvres de l'âme et que ces gens-là sont sains? Je le croirais aisément de ceux qui sont plus savants que moi, mais ni moi ni personne ne croirons que la foule a l'âme saine; elle l'a plutôt insensible et engourdie. Enfin que les autres connaissent les causes de leur repos, il me suffit d'avoir produit les causes de mon agitation. Ou je me trompe, ou, quoique je sois bien malade, je ne le suis pas au point de ne pas goûter le repos si la dureté des événements et des lieux ne me tourmentait. Je ferai bien d'appliquer à mon usage un genre de remède que j'ai souvent conseillé aux autres : c'est de chercher au dedans la paix que je ne trouverai pas au dehors, et, ne pouvant me reposer dans les lieux, de me reposer dans mon âme ou du moins dans le Seigneur qui est la lumière de l'âme. J'en dirai plus long là-dessus une autre fois. Quant à vous, le plus sage des doges, que la charité seule a poussé à penser à moi et à vous étonner de ma conduite, voilà simplement ma réponse. Portez-vous bien.

A la fontaine de la Sorgues, 23 février.

XXI (1). — *A Pierre de Rainzeville, abbé de Saint-Remy.*

Sa polémique avec un médecin. — Nouveaux délais qui suspendent l'expédition de Charles IV en Italie.

Vous avez usé d'un artifice étrange et tout à fait nouveau. Vous avez excusé merveilleusement sous le couvert d'un certain respect de mon style

(1) *Lettres familières*, XV, 5.

votre paresse ou plutôt vos occupations, cher père, qui vous ont rendu débiteur envers moi de plusieurs lettres, et pendant que vous feigniez d'admirer ma plume en termes très élégants, et avec une urbanité parfaite, vous m'avez vous-même poussé à admirer grandement la vôtre. Ne remarquez-vous pas, ou espérez-vous que je ne remarquerai pas, ce qui arrive souvent à plusieurs, que vous êtes la dupe de votre propre esprit et que rien ne vous accuse plus que votre propre excuse? Votre lettre sera témoin pour l'avenir que vous pouvez répondre magnifiquement à tout, non seulement à moi, mais à Cicéron, et pour le passé elle témoigne que si vous avez négligé de me répondre, il ne vous a manqué sans doute que le temps ou la volonté. Je savais qu'il en était ainsi, mais votre lettre a fait que vous ne pouvez plus le dissimuler.

Laissant cela de côté pour le moment, je vous rends d'amples actions de grâces à vous, maintenant mon père, autrefois mon frère, pour les livres que vous m'avez transmis et surtout pour le court avertissement dont vous m'armez et me fortifiez relativement à l'objet principal de mes espérances. Je suivrai votre conseil. J'avais senti cela d'abord et je l'avais remarqué tout bas, mais c'est un grand point quand, à une notion douteuse, s'ajoute l'autorité du maître. Ce que je pensais, je le sais. J'apprends à regret que ma lettre à ces Galiens de notre temps, du génie desquels dépendent, à les entendre, la santé, la maladie, la mort et la vie des hommes, arrivera trop tard à son adresse. Je connais leur démence. Ils croiront avoir dit quelque chose de sublime et ils se persuaderont aisément que j'ai sué sang et eau pour leur répondre. Ces sortes d'animaux orgueilleux et vains sont infatués d'eux-mêmes; ils conçoivent et nourrissent à leur égard des opinions merveilleuses, mais la crédulité humaine éprouve tous les jours au péril de la vie ce qu'ils sont véritablement. Mais qu'ils supposent ce qu'ils voudront, ce sera une petite erreur ajoutée à de plus grandes erreurs. Vous m'êtes témoin en partie et la vérité m'est témoin complètement que je n'ai mis à composer cette lettre qu'un jour non entier et la seconde moitié d'une nuit, quoiqu'elle soit restée quelques jours entre les mains du copiste.

Quant à ce que vous me dites dans votre lettre du passage en Italie que je croyais prochain de notre chef (1), de vous et de nous tous avec lui, je

(1) Le cardinal Gui de Boulogne qui devait, disait-on, en qualité de légat, couronner Charles IV à Rome.

me réjouis peut-être que cette espérance m'ait été enlevée, mais je regrette qu'elle ait été fausse. La route semblait glorieuse et l'œuvre utile au monde, mais *les destins s'y opposent*, pour me servir de l'expression du poète (1). Je crains que notre César (2) ne se contente de vivre, et que, méprisant le diadème dû à sa tête sacrée, il ne se soucie point de l'empire et n'ait point l'appétit d'une plus haute renommée. Que fait-il ou à quoi pense-t-il? Certes, si, content de sa Germanie et des membres de l'empire, il laisse l'Italie qui est la tête du monde, il pourra être un roi teuton, il ne pourra pas être un empereur romain. J'espérais follement avoir remué pour ne pas dire enflammé son âme par une double exhortation que je lui avais écrite, sans art il est vrai, mais avec beaucoup de sincérité et de feu (3). Mais, qu'y a-t-il d'étonnant que des paroles légères ne touchent point celui que ne touchent ni une gloire éclatante, ni un grand service rendu, ni l'occasion facile des plus grandes choses? Je perdrais courage si je n'avais appris par une longue expérience qu'il ne faut pas s'inquiéter de ce qui passe. Non seu-

(1) Virgile, *Énéide*, IV, 440.
(2) Charles IV.
(3) *Lettres familières*, X, 1, et XII, 1.

lement tous mes projets et toutes mes espérances, mais ceux de tous les mortels, ont une même fin; ils aboutissent au néant et tout ce qui se trame sous le soleil ressemble fort à des toiles d'araignée. Que voulez-vous que je vous dise? *Tous ne peuvent pas tout*, dit Virgile (1). Me comprenne qui pourra. Oui, cette vertu héroïque nécessaire aux rois, que Virgile nomme *ardente* (2) et Lucain *ignée* (3), si elle n'a été donnée par le Ciel en naissant, n'est point facile à acquérir. Mais pourquoi m'échauffer maintenant, moi la plus petite parcelle de la république? pourquoi me tourmenter? pourquoi m'affliger? Je suis un étranger sur la terre, comme tous mes pères; je suis un exilé et un voyageur inquiet; je ne sais combien peu de vie m'est réservé et je mourrai et j'irai vers ma véritable patrie. L'Italie se tiendra entre les Alpes et les deux mers comme elle s'y tient dès le commencement du monde, et si le secours du roi de la terre lui manque, elle implorera la miséricorde de l'empereur éternel. Mais croyez-moi, mon père, il est beau de s'asseoir sur le siège de

---

(1) *Eglogues*, VIII, 63.
(2) *Enéide*, VI, 130.
(3) *Pharsale*, IX, 7.

Pierre, il est beau de siéger sur le trône de César. Vivez heureux et portez-vous bien.

A la fontaine de la Sorgues, 3 avril (1352), avec une plume de berger.

XXII (1). — *Au même.*

Sa polémique avec un médecin.

J'ai une grande querelle avec les médecins. « Eh quoi ! me direz-vous, ne craignez-vous pas les fièvres ? » Je ne suis pas rassuré à ce point, mais je n'attends rien de ces médecins. « Mais, dira-t-on, qu'avez-vous donc de commun avec eux ? » — Absolument rien, si ce n'est que je les ai offensés par la vérité et je ne regrette point de les avoir offensés. Certes, si la vérité crée des ennemis ou je garderai toujours le silence, ou je ne serai jamais sans ennemis. Toutefois le titre même de ma lettre indique que je ne suis point en guerre avec tous, mais avec les plus mauvais, car elle est adressée *à un médecin effronté et insensé*. Quiconque s'en émeut est effronté et in-

(1) *Lettres familières*, XV, 6.

sensé et ressemble à celui auquel je parle. Ce n'est pas qu'il soit seul de cet acabit, mais le nombre singulier a souvent plus de force et il s'était signalé dans ce troupeau comme le chef de la folie. Je devais donc l'attaquer en combat singulier et châtier dans un seul l'effronterie de plusieurs. Il y a des gens qui s'enorgueillissent de la modération de l'adversaire et auxquels le silence d'autrui donne la hardiesse de parler. Cette race malfaisante, ce peuple d'insulteurs doit être réprimé par des insultes.

Si vous désirez savoir où en est cette guerre par écrit, je puis vous dire clairement ce qui se passe dans mon camp. On méprise toute cette affaire et l'on se moque du bavardage d'un adversaire sans forces; comme je l'ai dit à la fin de ma longue lettre, je n'ai pas déposé mes aiguillons : il le sentira s'il se remue et il comprendra qu'on n'attaque pas impunément cette plume quand elle veut se venger. Il voudrait bien sans doute n'avoir pas commencé, mais le repentir ne change point le passé. Il a honte de céder et il hésite à combattre; aussi le voit-on tremblant et inquiet. Comme il ne sait pas parler, il parcourt la ville, cherchant le secours précaire du magistrat plébéien. J'ai appris dernièrement que cette

lettre que vous avez vue, et dans laquelle il m'a
attaqué d'abord avec la dernière impudence, est
l'œuvre de je ne sais quel artiste montagnard.
J'ai pitié de sa folie. Souvent même, je l'avoue,
il m'est venu à l'esprit d'agir plus amicalement,
de laisser de côté les injures et de lui ouvrir les
yeux sur lui-même. Si je pouvais le faire, j'é-
toufferais du coup l'insolence de cet homme ;
mais il est très difficile d'introduire une nouvelle
doctrine dans un cerveau endurci. Il faut auparavant désapprendre l'erreur pour que la vérité
trouve enfin place dans une âme occupée. C'est
pourquoi perdant toute espérance j'y ai renoncé.
Je n'avais pas su d'abord avec quel ennemi j'étais
en guerre, et, comme frappé dans les ténèbres
par Nisus, je pouvais sans le savoir marcher contre
Euryale la plume à la main. Je conjecturais toutefois (et mes pressentiments ne me trompaient
pas) d'où ces traits de paroles étaient lancés
contre moi. A la fin, les embûches étant décou-
vertes, je vis de près la figure de l'ennemi qui se
dissimulait mal, et, en regardant attentivement,
je lus sur le visage de l'homme des marques
d'une ignorance entêtée et arrogante. Je crois
connaître maintenant cette tête de fer, et je sais
qu'il y a des gens qu'on brise plutôt qu'on ne

les fléchit. Je l'abandonne donc à lui-même. Je garderai ma coutume qui est de ne rien affirmer à la légère ; il gardera la sienne qui est d'aimer la dispute et de prononcer hardiment sur ce qu'il ne connaît pas.

Que voulez-vous en effet? Exigez-vous une autre preuve de sa témérité? Je vous ai écrit dernièrement une lettre et j'ai dit à la fin, poussé par le sujet : *Il est beau de s'asseoir sur le siège de Pierre, il est beau de siéger sur le trône de César* (1). A cet endroit, quand vous lui eûtes montré ma lettre, il se récria. Quoi donc? Ai-je dit une fausseté? Qu'on interroge ceux qui occupent ces sièges, ils avoueront, je crois, qu'on ne peut rien dire de plus vrai. Mais comment cet interprète malveillant explique-t-il cette phrase ? Il prétend que j'ai voulu dire que le siège de Pierre n'est pas ailleurs qu'à Rome. Or, il ne s'agit pas de ce que j'ai voulu dire mais de ce que j'ai dit, car, si je ne me trompe, il ne peut savoir ce que j'ai voulu dire par les pronostics d'Hippocrate. Je sais que le siège de Pierre a été partout où Pierre a siégé et qu'il est maintenant partout où siège le successeur de Pierre. Je n'ignore pas que

(1) *Lettres familières*, XV, 5.

Pierre a siégé à Antioche avant de siéger à Rome. Il est certain qu'au choix du pape il y a un lieu baucoupe plus saint et plus salutaire qu'un autre ; toutefois en quelque endroit de la maison qu'il siège, quel que soit le lieu qu'il jugera digne de son siège, quoiqu'il puisse l'établir plus honorablement ailleurs, il l'honorera. Telle est mon opinion. Je n'ai songé en écrivant à rien de ce que me reproche ce calomniateur jaloux. Je n'ai point fixé de lieu où doive nécessairement siéger celui qui est le maître de tous les lieux, et quoique les ruisseaux des décrétales me soient étrangers, voici la doctrine que j'ai puisée à la source de saint Jérôme : *S'il s'agit de l'autorité, le monde est plus grand que Rome ; en quelque lieu que soit l'évêque* (1), *à Rome, à Gubbio, à Constantinople, à Reggio, à Alexandrie, dans la Thébaïde, dans la Sarmatie, son mérite est le même, son sacerdoce est le même.* Donc, sachant cela, je m'abstiens de pareilles absurdités. J'ai voulu dire et j'ai dit qu'il est beau de s'asseoir sur le siège de Pierre en quelque endroit que soit ce siège, et je l'ai dit non pour établir une proposition mais incidemment, car je parlais du siège de César et non de

---

(1) Il veut dire le pape.

celui de Pierre, comme vous le savez. Soyez bien persuadé que cette calomnie part d'une âme plus venimeuse qu'ingénieuse. Il aboie et il mordrait plus volontiers s'il avait des dents. Vivez heureux et portez-vous bien.

A la fontaine de la Sorgues, 17 avril (1352).

XXIII (1). — *A Lélius (Lello di Pietro Stefano), gentilhomme romain.*

Il lui demande conseil sur l'endroit où il doit se fixer et il lui témoigne le désir qu'il éprouve de finir ses jours à Rome.

Je vais vous écrire une chose surprenante au premier abord mais qui ne vous inspirera aucun étonnement si, vous reportant au temps passé, vous considérez mon caractère qui vous est connu dès l'enfance et mon genre de vie. En somme, aucune partie du monde ne me plaît; en quelque endroit que je tourne mon flanc fatigué, je trouve tout épineux et dur. Je crois qu'il serait bien temps de passer à une autre vie. Ici, je

(1) *Lettres familières*, XV, 8.

l'avoue, je suis mal, que ce soit ma faute, celle des lieux, celle des hommes ou celle de tous. J'ai écrit longuement sur ce sujet à notre ami Stefano, homme très distingué(1). Aussi, depuis longtemps je suis étranger sur la terre et je m'en suis excusé dernièrement auprès d'Andrea, doge de Venise, homme illustre (2). Je vous ai envoyé ces deux lettres avec celle-ci parce qu'elles m'ont paru avoir trait toutes deux à la question sur laquelle je vais vous consulter. Je n'ignore pas que l'on peut dire là-dessus bien des choses contre moi, mais je me flatte de pouvoir répondre à tout avec fondement. Parmi tant de traverses, je me suis fait, non sans beaucoup d'efforts et sans une habitude pénible de mon esprit, une consolation. En quelque endroit de la terre que je me trouve, quoique j'y sois mal, quoique j'y sois très mal, je me persuade que j'y suis bien ; je me trompe ainsi moi-même et je me force à ne point sentir ce que je sens. C'est là souvent le remède efficace ou nécessaire, la dernière ressource de mes maux. Que sert-il en effet de lutter contre l'inéluctable destin et de multiplier

---

(1) *Lettres familières*, XV, 7.
(2) Andréa Dandolo. Voir *Lettres familières*, XV, 4.

par l'impatience et par l'ennui de l'âme les ennuis des lieux? Vous connaissez bien mon caractère. S'il est un lieu qui me plaise sur la terre, il est en Italie, et vous n'en serez point étonné, car là est notre patrie et la nature des lieux charme même les étrangers et les barbares. Mais, d'un autre côté, tel est mon sort ou tel est le naturel farouche des habitants que depuis longtemps j'en suis exilé volontairement. Et, ce qui vous surprendra peut-être, à moins que vous ne le sachiez déjà, je ne respire plus comme autrefois près de la fontaine de la Sorgues, dans cette campagne pauvre et peu étendue, mais solitaire et tranquille, qui, comparée à beaucoup d'autres plus fertiles, est bien préférable pour ceux qui aiment les études nobles et pacifiques. Aussi, en ce qui est du lieu, je pourrais y vivre dans un repos absolu si je n'étais ébranlé par les vents du dehors. Donc, dans le port même je jette autour de moi des regards alarmés, mais avant tout je suis détourné par le voisinage de Babylone qu'on nomme la curie romaine. Étrange appellation, car elle n'est rien moins que romaine, et elle ne déteste rien plus que Rome. Certes son voisinage, sa vue et son odeur sont redoutables et tout à fait contraires au bonheur. Son odeur seule me chasserait d'ici, sans parler des restes des tempêtes passées qui poursuivent de si près jusque dans ce port la barque fracassée de ma vie (1). Voici enfin quel est le but de ma consultation.

Vous savez, si vous ne l'avez pas oublié, qu'il y a vingt ans je n'aurais été nulle part avec autant de plaisir qu'à Rome, et j'y serais resté toujours si ma fortune me l'eût permis. On ne saurait dire combien je fais cas des glorieux débris de la reine des cités, de ses ruines magnifiques et de ces traces si nombreuses et si éclatantes des vertus portant devant elles la lumière et indiquant le but à ceux qui suivent la route du ciel ou de la terre. Et maintenant encore, dans cette même ville que je voudrais pouvoir dire à moitié détruite, je passerais plus avidement que jamais le peu qu'il me reste à vivre. Après avoir presque tout vu, mon cœur n'incline nulle part davantage. Je désire être enfin comme habitant là où j'ai été souvent comme étranger, et après m'être fatigué longtemps à parcourir les membres de l'univers, m'arrêter enfin dans sa tête et m'y reposer autant qu'il est possible ici-bas. S'il faut vivre encore, nulle part je ne vivrais mieux, ce me semble,

(1) Allusion à sa passion pour Laure.

nulle part du moins je n'aimerais mieux à être
enseveli, car je regarde déjà la fin et je songe à
ma dernière demeure. Reste à savoir si je puis
ce que je désire, car en y réfléchissant il surgit je
ne sais quelle difficulté. Mais quand on commence
tout semble ordinairement difficile. D'un autre
côté, il est vrai que bien des choses sont plus difficiles qu'elles ne le semblent. Dans cette alternative, je m'en rapporte entièrement à vous.

Vous connaissez à fond, cher frère, ma personne,
mes affaires, mes ressources et ma fortune. Personne ne connaît mieux Rome que vous; de plus,
vous voyez, de vos yeux, l'état présent des choses.
Si un seul des trois vivait, ou ce merveilleux vieillard (1), ou ce glorieux jeune homme (2), ou ce
magnanime adolescent (3), et si nous n'avions
pas été jugés dignes d'être privés de toutes nos
lumières qui étaient en même temps celles de la
patrie, je n'éprouverais aucune hésitation. Vous
ne m'entendriez pas vous consulter, vous me
verriez en personne. Mais ne sachant quel parti
prendre, je vous demande d'abord ceci : Que fait
maintenant Rome, notre mère commune? Ensuite,

(1) Stefano Colonna, l'ancien
(2) Stefano Colonna, le jeune.
(3) Giovanni Colonna, fils du précédent.

à quoi songe cet autre adolescent, notre ami, sur qui repose l'espoir d'une si grande famille (1)? Quelles fleurs de vertu, quelles marques de gloire manifeste-t-il? Combien est-il touché de la réputation ou enflammé des exemples de ses pères? Comment se souvient-il de nous? Comment aime-t-il les siens? Car cet âge oublie aisément ses affections. Enfin, je désire savoir si vous êtes décidé à y rester jusqu'à la fin. Cela influera beaucoup sur ma résolution. Si vous avez pris ce parti, je vous louerai, sinon j'en serai surpris. Assez longtemps nous avons voyagé, pour ne pas dire nous avons été ballottés ; il est temps de nous arrêter vers le soir et de jeter l'ancre, de peur que la nuit ne nous surprenne errants.

Vous saviez jadis combien la curie babylonienne me plaisait quand elle était moins hideuse et que nous y vivions comme des jeunes gens. Maintenant mon indignation s'est accrue avec le temps et la curie est devenue telle que ceux qui jusque-là étaient empressés d'y être en partent avec plus d'empressement. Mais pour que vous sachiez tout et que vous délibériez mûrement, je suis invité et sollicité en même temps de diffé-

(1) Stefanello, fils de Stefano Colonna, le jeune.

rents côtés. Je suis appelé à Naples auprès du roi de Sicile (1), mais le climat m'est suspect ; bon peut-être pour les habitants, comme l'indiquent leur santé excellente et leur beauté remarquable, il est pour moi plus chaud que je ne voudrais. De plus, il y a là un nouveau roi, et quoique Lucain dise que *le sort des royaumes est très doux sous un nouveau roi (2)*, mon cœur reconnaissant soupire toujours après l'ancien roi (3). Le reste me conviendrait assez, car le pays est très beau; et comme l'on sait que je suis surtout friand de repos et de solitude, ces deux choses me sont promises par ceux qui peuvent tenir ce qu'ils promettent et dont la parole mérite toute créance. Je suis aussi appelé à Paris auprès du roi de France (4), le meilleur et le plus doux des princes, qui m'aime, vous le savez, plus qu'on ne fait d'un inconnu. Mais je ne m'accorde pas avec les mœurs des habitants, et lui jusqu'à présent ne s'accorde guère avec sa fortune. Il y a encore un obstacle. Invité jadis à recevoir dans cette ville la couronne de laurier, je n'y suis point allé ; si j'y allais

---

(1) Louis, de Tarente.
(2) *Pharsale*, VIII, 452.
(3) Robert II, d'Anjou.
(4) Jean II, le Bon.

maintenant, les censeurs de la conduite d'autrui pourraient dire que deux fois appelé je n'ai obéi qu'une seule fois, non quand cette ville pouvait recueillir de moi quelque peu de gloire, mais quand elle pouvait servir largement mes intérêts. Ces projets-là sont nouveaux, en voici d'anciens. Je suis attendu maintenant dans cette partie de l'Italie où j'ai passé autrefois plusieurs années et où est à l'abri une grande partie de ma fortune. Assurément là tout me charmerait si les discordes civiles ne se portaient pas à de telles violences. Je suis rappelé à la curie voisine. Rien ne m'y convient, tout m'y déplaît. Irrésolu au milieu de ces difficultés, j'ai abordé vers ces rochers (1). J'y reste, me demandant où je dois de préférence diriger ma voile. Si j'y prolonge mon séjour, je deviendrai un vrai sylvain.

Vous avez entendu ce que je fais, écoutez donc ce que je pense. J'attendrai votre réponse. Si vous me dissuadez de venir à Rome, je tournerai aussitôt mon gouvernail vers cette partie de l'Italie dont je parle et je verrai si entre les Alpes et l'Apennin la fortune ou la raison peut m'offrir un port tranquille en pleine mer. Si la navigation

(1) Vaucluse.

me paraît trop dangereuse, non seulement je jetterai l'ancre et j'amarrerai ma barque là où je suis, mais je la mettrai à sec, et, comme font ceux que les naufrages ont épouvantés, et qui sont dégoûtés de la mer, je la remiserai ou peut-être je la brûlerai afin que, venant à changer d'avis, je ne puisse plus naviguer. Ici, quoique le bruit voisin et la fumée d'une ville impie me gênent, je fermerai les oreilles et les yeux, et je jouirai, comme j'ai déjà commencé à le faire, d'un repos agréable et d'une solitude enviée. Et si quelque importun vient de là-bas ici, ce que je ne puis empêcher, il verra que j'ai complètement oublié dans les bois les soucis des villes ; il dira qu'il a parlé à un sourd, tant je n'écouterai rien, tant je ne dirai rien en dehors des limites de mon genre de vie. Je me promènerai seul et libre, comme je fais maintenant. Il y aura cette différence que maintenant dans ces lieux je songe au Tibre, au Pô, à l'Arno, à l'Adige et au Tessin ; alors je ne songerai uniquement qu'à la Sorgues, décidé à vivre et à être enterré au milieu des paysans pour ressusciter au dernier jour hors du tumulte de Babylone, il est vrai, mais, ce qui me trouble déjà, tout proche.

Mais ce discours s'est trop prolongé dans le

charme de l'entretien. Réunissant donc tout cela en un faisceau et y ajoutant ce que je puis avoir omis, répondez-moi, je vous prie, cher frère, ce que vous pensez que je doive faire. Mais n'oubliez pas que si j'avais la liberté du choix, je préférerais de beaucoup Rome à tous les lieux. Je l'ai toujours montré en parole et je l'aurais montré en action si j'avais été mon maître. Mais j'ai été sous la dépendance de la fortune à laquelle les rois et les princes de la terre sont soumis, et à qui n'échappe dans les choses humaines que la vertu solide et parfaite dont je suis bien éloigné. Maintenant donc je suis attiré là par un désir d'autant plus ardent qu'il a été plus différé. Aussi, sachez bien et tenez pour certain qu'une fois que j'aurai mis le pied dans la cité sainte, je n'en sortirai plus, non, quand Junon m'appellerait à Samos, Vénus à Gnide, Jupiter en Crète. Adieu.

A la fontaine de la Sorgues, 24 avril (1352).

XXIV (1) — *A Philippe de Cabassole, évêque de Cavaillon.*

Il lui demande asile dans sa maison de campagne pour se dérober à tous les regards.

Vous allez entendre une chose bien étrange et pourtant vraie. Je ne sais pas ce que font les autres, mais moi, à l'âge où je suis, je ne puis pas encore prendre une ferme résolution. Ce n'est pas que je ne sache pas ce que je veux, c'est que bien des choses s'opposent à mon désir. Je ne puis donc pas vouloir pleinement ce que je sens vouloir vainement. Il en résulte pour moi une peine et une perplexité infinies. Je reconnais tous les jours davantage la vérité de cette parole à la fois courte et profonde du Sage des Hébreux, devant laquelle la plupart des lecteurs passent en courant. Pour moi, je m'arrête toujours en la relisant, et trois ou quatre fois je répète tout bas en soupirant ce qui est écrit : *Toute chose est difficile* (1). Voyez combien de difficultés se pré-

---

(1) *Lettres familières* XV, 11.
(1) *L'Ecclésiaste*, I, 8.

sentent même dans les petites choses. Je ne peux pas ce que je voudrais, je ne veux pas ce que je pourrais ; je cherche ce que je peux et ce que je veux et je ne le trouve pas. Sur ces entrefaites, je suis ballotté par mille projets comme par autant de flots jusqu'à ce que la chose ait pris fin.

Après avoir répandu le faux bruit de mon départ pour l'Italie, parti secrètement de Babylone (1), je suis revenu ici (2), et je serais allé tout de suite auprès de vous, moins pour satisfaire vos yeux que les miens qui ne recherchent presque rien avec plus d'ardeur que votre visage. Mais vous saurez que je suis venu ici dans l'intention de me cacher et de fuir, si je le puis, non seulement les autres, mais moi-même, c'est-à-dire les vices et les erreurs qui me poursuivent depuis l'enfance jusque dans la vieillesse. En outre, je serais si heureux d'éviter l'envie, que je rencontre par toute la terre, que si je pouvais dans la même retraite me dérober à elle et à tous les mortels et que je ne le puisse pas autrement, je consens à être privé de tous mes amis dont rien ne m'est plus doux et de l'envie dont rien ne m'est plus

---

(1) Avignon.
(2) A Vaucluse.

amer. Un coin de votre campagne (1), où je me suis réfugié tant de fois, m'a paru très favorable à ce dessein. Souffrez donc que je m'abrite là sous vos ailes ; cachez-moi, je vous prie. Si vous le faites, vous m'aurez souvent pour votre hôte, soit la nuit, soit par un temps pluvieux; vous aurez en moi un convive tel quel, mais du moins qui vous agréera ; si au contraire vous divulguez mon secret, il arrivera ce que nous lisions dans les fables, vous me perdrez. Adieu.

XXV (2). — *Au même.*

Il lui envoie trois petits présents.

Voici, mon père, trois petits présents fort divers. Un poisson brillant d'or et tacheté d'écailles d'argent. Les uns le nomment *Torrentina*, les autres *Turtura* (3). Toutefois il vous sera plus agréable de connaître sa saveur que de savoir son nom. Le fils de mon métayer, qui est votre

---

(1) Les évêques de Cavaillon avaient leur maison de campagne à Vaucluse.
(2) *Lettres familières*, XV, 12.
(3) Ces deux mots latins désignent la truite.

serf, l'a pris aujourd'hui dans nos eaux si limpides. *Item* un canard gras, depuis longtemps habitant de la charmante fontaine, lequel devant les rares qualités d'un chien de race n'a trouvé ni dans l'air une route libre ni dans la rivière un asile sûr, et n'a pu fuir ni en nageant ni en volant. De plus, une lettre récente que dernièrement, dans votre campagne, j'ai aussi pêchée moi-même pour vous avec l'hameçon de mon faible talent parmi les flots agités de mon âme et les écueils des circonstances. Le reste vous est envoyé afin que vous le gardiez ; cette lettre part avec ordre de revenir et de ne rester entre vos mains que le temps nécessaire pour la lire. Savez-vous pourquoi ? Parce que la *vérité engendre la haine* (1). Si cela était déjà vrai du temps de Térence, que croyez-vous qu'il en soit aujourd'hui ? Lisez-la donc entièrement si vous voulez et en secret, puis renvoyez-la-moi jusqu'à ce que nous sachions ce que Dieu ou la fortune prépare au monde. Nous verrons alors ce que nous ferons de cette lettre, s'il faudra la jeter au feu ou l'adjoindre à ses sœurs (2). En attendant, sachez, et jugez par là

---

(1) Térence, *L'Andrienne*, V. 68.
(2) C'est la première des *Lettres sans titre*.

de ma confiance, que je ne la montrerai pas à d'autres yeux qu'aux vôtres. Portez-vous bien, ma gloire.

A la fontaine de la Sorgues, 14 décembre (1352), dans le silence du milieu de la nuit.

XXVI (1). — *A Elie de Talleyrand et Gui de Boulogne, cardinaux* (2).

Il demande l'autorisation de retourner à Vaucluse par suite de la mort de son métayer, gardien de sa bibliothèque.

Celui qui fut la première terreur des Carthaginois, Marcus Attilius Régulus, soutenant en Afrique les grands intérêts compromis de la République, ne rougit pas, en demandant un congé au Sénat, d'alléguer pour cause dans sa lettre que son métayer, qui lui cultivait quelques ar-

---

(1) *Lettres familières*, XVI, 1.
(2) Les cardinaux de Talleyrand et de Boulogne, protecteurs de Pétrarque, l'avaient fait venir de Vaucluse à Avignon pour le présenter et le recommander au pape Innocent VI, nouvellement élu. Il saisit le prétexte de la mort de son métayer, gardien de sa bibliothèque, pour esquiver cette présentation.

ponts d'un champ aux portes de Rome, venait de mourir(1). Pourquoi rougirais-je, moi, simple particulier, n'ayant rien à démêler avec les affaires publiques, de vous demander, à vous qui êtes tous deux l'ornement de l'Église, un congé pour le même motif, attendu que mon métayer, qui n'est point inconnu de vous et qui me cultivait également quelques arpents d'un champ aride, est mort hier? Je ne crains pas que l'un de vous me fasse maintenant la réponse que le Sénat fit alors à Régulus, en m'ordonnant de poursuivre mon entreprise et en me promettant de prendre soin du champ laissé à l'abandon. Le champ de Régulus était à Rome ; le mien est à la fontaine de la Sorgues, lieu qui n'est connu de vous que par ouï-dire. En outre, j'ai un plus grand motif d'inquiétude. Je ne m'intéresse pas seulement comme Régulus à une terre inculte ; mais de même que cet autre marteau d'armes de l'Afrique, Cnéus Scipion, du fond de l'Espagne, où il se couvrait de gloire, demanda un congé sous prétexte qu'il manquait une dot à sa fille, de même pour réunir en moi seul les raisons de ces deux

(1) Valère Maxime (IV, 4, 6). Il y a cette différence que le métayer de Régulus n'était pas mort, mais s'était enfui en lui dérobant ses instruments de culture.

illustres généraux, je sens qu'il manque un gardien à ma bibliothèque que j'ai adoptée pour fille.

Mon métayer était un homme des champs, mais doué d'une sagesse et d'une urbanité plus que civiles. Je ne crois pas que la terre ait produit un être plus fidèle que lui. Bref, à lui seul, il compensait et tempérait par sa rare fidélité la méchanceté et la perfidie de tous mes serviteurs, dont je ne me plains pas seulement tous les jours de vive voix, mais dont je me suis plaint quelquefois par écrit. Aussi lui avais-je entièrement confié ma personne, mes biens et tous les livres que je possède en France. Quoique j'eusse une grande variété de volumes de tout genre et que les petits fussent mêlés avec les plus grands, en revenant après une longue absence qui quelquefois avait duré trois ans, je n'ai jamais rien trouvé non seulement de dérobé, mais même de déplacé. Cet illettré était fort ami des lettres, et il gardait avec un soin jaloux les livres qu'il savait m'être les plus chers. Il était même parvenu par une longue habitude à connaître le nom des ouvrages des anciens et à distinguer parmi eux mes opuscules. Il était tout rayonnant de joie chaque fois que, suivant l'usage, je lui mettais quelque livre dans les mains ; il le serrait contre sa poitrine en soupirant, souvent il nommait à voix basse l'auteur du livre, et, chose étonnante ! au seul toucher et au seul aspect des livres, il se croyait devenu plus savant et plus heureux.

Ce gardien de mon bien, avec qui j'avais coutume de partager mes travaux depuis près de trois lustres, qui était pour moi comme un prêtre de Cérès et dont la maison me rappelait le temple de la Bonne Foi, que j'ai quitté il y a quelques jours pour obéir à vos ordres, et que je croyais avoir laissé légèrement malade, ce serviteur, dis-je, *déjà vieux, mais,* comme dit Virgile, *d'une vieillesse verte et vigoureuse* (1), m'a quitté hier au soir pour passer au service d'un meilleur maître. Celui-ci lui accordera après tant de fatigues corporelles le repos de l'âme. C'est la seule chose qu'il a demandée au Seigneur, il en a besoin ; Christ, ne la lui refusez pas, afin qu'il habite non dans ma maison, mais dans la maison du Seigneur, pendant tous les jours de sa vie qui a cessé d'être mortelle, afin qu'il exécute non ma volonté mais celle du Seigneur, et qu'il visite son ciel, et non mon champ, où durant plusieurs années il a exercé son corps endurci au froid et à la chaleur.

(1) *Énéide*, VI, 304.

Fatigué sous moi, qu'il se repose sous vous, je vous en prie ; il est allé à vous par votre ordre, délivré de son ancien ergastule (1). Un de mes serviteurs, qui par hasard l'avait vu mourir, m'a apporté cette triste nouvelle en toute hâte et est arrivé vers moi au milieu de la nuit, en m'annonçant qu'il avait expiré en m'appelant souvent par mon nom et en invoquant avec larmes le nom du Christ. J'ai été très peiné et je l'aurais été davantage si l'âge du défunt ne m'eût fait prévoir depuis longtemps que ce malheur me menaçait (2). Il faut donc que je parte ; permettez-le-moi, je vous prie, très glorieux pères, accordez un congé à votre suppliant, inutile à la ville, nécessaire à la campagne où il est plus inquiet de sa bibliothèque que de son champ. Je vous souhaite une vie tranquille et heureuse.

Avignon, 5 janvier (1335).

(1) Prison pour esclaves.
(2) Ce modèle des serviteurs se nommait Raymond Monet, de Clermont. En souvenir de lui, Pétrarque, dans son testament, légua à ses deux fils sa terre de Vaucluse. (Voir *Lettres de vieillesse*, IX, 2.)

XXVII (1). — *A Socrate (Louis de Kempen), attaché
à la curie romaine d'Avignon.*

Content de son sort, il supplie ses amis de ne pas le
pousser dans la voie de l'ambition.

J'avais beaucoup de choses à vous dire que
j'omets aujourd'hui à dessein, car je vous les
dirai de vive voix plus librement et plus facilement. Ma langue longtemps muette et immobile
dans la solitude délivrera de cette peine mes doigts
fatigués. Il y a une chose qu'elle n'a pas voulu
différer. Je vais la dire non pour vous mais pour
notre ami commun (2) qui, suivant sa coutume et
celle du public, m'excite tantôt par ses lettres,
tantôt par celles des autres, ne cesse de vouloir
m'enflammer, moi qui suis de glace pour l'ambition, et, comme dit Horace, *à force de m'aimer
me précipite à ma perte* (1). C'est un vice commun
à l'amitié vulgaire. Aussi, quoique mon affection
pour cet ami reste entière, mon estime du moins

(1) *Lettres familières*, XVI, 3.
(2) Guido Sette.
(3) *Odes*, I, 8, 2.

a diminué et, comme Brutus le dit de son Cicéron : *Je n'ai rien rabattu de mon amitié pour lui; j'ai beaucoup rabattu de mon opinion.* Quant à moi, de même que je ne puis pas ne point aimer un homme qui m'a donné mille preuves de dévouement et qui m'est uni par une vieille amitié, je ne puis pas non plus ne point haïr une âme attachée à la terre et des sentiments bas.

Sachez donc, vous, Socrate, et vous tous, mes amis, en quelque lieu que vous soyez, qui me trouvez indolent, sachez que j'ai borné mes vœux, que je me soucie médiocrement de tout ce qui peut m'arriver dans cette vie et que je ne désire rien. J'ai des ressources suffisantes pour qu'un honnête homme fasse alliance avec la fortune et vive content. Ils eurent moins que moi les Cincinnatus, les Curius, les Fabricius, les Régulus qui vainquirent des rois et des peuples et qui, par un triomphe plus éclatant, se vainquirent eux-mêmes et maîtrisèrent les mouvements de leur âme rebelle. Mais si je me laisse aller à la cupidité, quoi que je fasse, j'aurai beau amasser, je ne serai jamais pour beaucoup de gens et pour moi-même qu'un pauvre et un mendiant. Le luxe, la cupidité et l'ambition ne se contentent d'aucune limite ; tout est plein de fausses opinions qui, si on ne leur résiste, vous poussent à la plus profonde misère. Leur faire tête est difficile, leur céder est très dangereux; quiconque se laisse entraîner par elles ne s'arrêtera pas où il voudra. J'ai de quoi vivre, comme on dit vulgairement, et, ce qu'il vaudrait mieux que je n'eusse pas, j'ai de quoi me divertir. Que voulez-vous que je désire de plus? Qu'ai-je à espérer quand je puis au besoin être enterré dans ma propriété? Je dis cela comme si nous avions ici-bas quelque chose en propre. J'ai où habiter un temps plus ou moins long; j'ai de quoi manger, de quoi boire, de quoi me chausser, de quoi m'habiller; j'ai qui me sert, qui me tient compagnie, qui me voiture; j'ai où m'abriter, où me reposer, où me promener, de quoi m'amuser. Qu'a de plus l'empereur romain? J'ai en outre un corps sain, complètement dompté à force de travail, et qui n'est plus comme autrefois l'esclave rebelle de l'âme. Ajoutez des livres de tout genre qui ne sont pas la moindre partie de mes richesses. Ajoutez mon talent, si mince qu'il soit, et cet amour des lettres qui repaît mon esprit avec un plaisir extrême et qui l'exerce sans répugnance. Ajoutez vous-mêmes, mes amis, vous que je mets au nombre de mes premiers biens, pourvu que mon indépendance, sans laquelle je ne pourrais vivre longtemps, ne périsse point par vos conseils (1). Ajoutez ce grand avantage, la sécurité, car dans tout l'univers je n'ai pas un ennemi que je sache, sauf ceux que m'a faits l'envie, ennemis que je méprise avec raison et que je ne voudrais peut-être pas ne point avoir. Ajoutez l'affection générale de tous les gens de bien de mon pays et de ceux-là même qui ne m'ont pas vu et qui ne me verront pas, mais dont j'ai gagné les sympathies par la faveur d'en haut, je l'avoue, et non par mon mérite.

Ces richesses vous semblent-elles peu de chose? Voulez-vous que je prête à usure, que je navigue, que je crie devant les tribunaux et que je trafique de mon âme et de ma langue? Voulez-vous que je fasse autre chose pour m'enrichir? Vous trouvez bon que je vive dans l'indigence pour mourir dans la richesse. Vous me conseillez d'amasser en me démenant ce qu'un autre dissipera en restant assis; de chercher avec peine ce dont je ne sais qui se réjouira; de trouver avec labeur ce que je quitterai avec cha-

(1) Allusion aux démarches de ses amis pour lui procurer l'emploi de secrétaire apostolique.

grin, ce que je garderai avec anxiété. Croyez-moi, dans votre sollicitude, vous avez entrepris une rude tâche, rassasier la cupidité. Elle est insatiable et ne peut se combler ; elle a soif de tout, elle dévore tout, elle est sans fond. La cupidité humaine n'a pas besoin de châtiments étrangers, elle est à elle-même son supplice. Si ce qu'elle entreprend échoue, elle est triste ; si cela promet de réussir, elle prend feu ; si cela réussit pleinement, alors elle s'agite ; pour le coup elle est véritablement pauvre et misérable. Mais laissons là cette philosophie odieuse à tout le monde, quoique vraie. Revenons à des idées communes.

Si je parais pauvre aux riches et si je suis riche à mes yeux, que voulez-vous que je fasse ? Me tourmenterai-je jusqu'à ce que je paraisse riche aux yeux de ces derniers ? Cela ne finirait pas, lors même que je posséderais les mers et les continents ; tant qu'il restera quelque chose à convoiter, la cupidité ne sera point satisfaite. Souffrez, de grâce, que je sois riche à ma guise ; c'est mon affaire ; ai-je besoin là-dessus de consulter les autres ? Quel homme libre mange d'après le goût d'autrui ? Gardez vos opinions, laissez-moi les miennes, je vous en prie ; vous les ébranlez en vain, elles sont enracinées dans le roc le plus dur. Quant à l'article qui termine votre lettre, et sur lequel notre ami veut me bâtir un nouvel esprit, en supposant que ce qu'il dit est vrai, ce dont je ne suis pas bien sûr, que faut-il en conclure? Soit : le nouveau pontife romain (1) aime les gens de bien. Qu'est-ce que cela peut me faire? Certes, s'il n'aime pas les autres, il aime fort peu de gens, du nombre desquels je ne suis pas et à qui j'aimerais mieux ressembler qu'être pape. Adieu.

A la fontaine de la Sorgues, 28 mars (1353).

XXVIII (2). — *Au même.*

Il exprime son inquiétude sur la disparition d'un ami qui était venu le voir.

Notre ami dont vous m'aviez annoncé l'arrivée est venu me voir. Les saluts échangés, je lui ai demandé s'il avait un mot de vous. Comme il me répondit n'en point avoir, je fis réflexion qu'il était inutile de demander une lettre quand on pouvait communiquer de vive voix. Sachez en

(1) Innocent VI.
(2) *Lettres familières*, XVI, 7.

un mot que rien ne m'a été plus agréable que
l'arrivée de cet homme. Vous savez quels sont
ceux qui me plaisent généralement. Plus la fortune lui a été dure, plus je me sens d'inclination
pour lui, et il m'est d'autant plus cher qu'il est
plus méprisé de lui-même et des superbes. Je l'ai
reçu comme j'ai pu et comme le lieu me l'a permis, avec une simplicité rustique sous le rapport
matériel mais avec une pompe royale du côté du
cœur. Je lui ai montré dans ma solitude monta-
gneuse, autant que les circonstances l'ont com-
porté, ce que j'avais semé ou récolté ces jours-ci
dans mon esprit, dans mon jardin et dans mon
champ. Pendant que nous étions si bien ensemble
que rien ne semblait nous manquer, excepté votre
présence, et qu'à chaque instant votre nom s'offrait à nous, au milieu de ces épanchements de
l'amitié il prit envie de faire une petite excursion.
Il me dit qu'il avait à cœur de visiter L'Isle, lieu
situé à trois mille pas d'ici et qui, coupé et enlacé
par la Sorgues, forme un spectacle ravissant. J'y
consentis et je l'engageai à se faire accompagner
d'un de mes gens. Il me pria de ne point gêner
par un compagnon cette promenade dans laquelle
il espérait beaucoup soulager son âme, ajoutant
que dans sa situation rien ne pouvait lui être plus

doux que d'être seul. Je n'en fus point surpris, car tous ceux qui me connaissent savent combien de mon côté j'aime la solitude. Je le laissai aller; il partit, promettant de revenir à l'heure du déjeuner : il n'est pas encore revenu et voilà près de deux jours qu'il est absent.

Que faire? que croire? Combien de temps l'attendrai-je? Dois-je envoyer à sa recherche ? dois-je supposer qu'il est retourné vers vous ou qu'il est parti plus loin? car il n'est pas où il avait dit qu'il serait, et je ne sais que penser. Ses chagrins connus m'effraient. La solitude sied mal à une âme triste. Si vous savez de lui quelque chose de certain, tirez-moi de cette perplexité. Je n'ai plus rien à dire, si ce n'est ce mot d'Ovide : *L'amour est chose pleine d'alarmes* (1); et pour joindre Horace à Ovide: *Ces alarmes redoublent par l'absence* (2). Adieu.

A la fontaine de la Sorgues, 1er avril.

(1) *Héroïdes*, I, 12.
(2) *Épodes*, I, 18.

XXIX (1). — *A Lélius (Lello di Pietro Stefano), gentilhomme romain.*

En allant voir son frère au monastère de Montrieu, il rencontre des dames romaines qui lui donnent des nouvelles de Rome.

Le 19 avril, entre Aix et Saint-Maximin, en revenant voir mon frère, le vôtre, le nôtre ou plutôt celui du Christ, comme il le dit lui-même, j'ai rencontré par hasard au milieu du chemin un essaim de dames romaines. Chose étonnante! j'ai reconnu de loin, à leurs visages et à leur démarche, leur origine et leur patrie. J'avais envie néanmoins de leur demander si je ne me trompais pas. Mais lorsque je fus près d'elles et que je les entendis causer, je n'eus plus de doute. Toutefois je m'arrête comme ne sachant rien et je leur adresse en langue vulgaire ces paroles de Virgile : *Qui êtes-vous? d'où venez-vous?* (2). Au premier son d'une voix italienne, elles s'arrêtent joyeuses. « Nous sommes Romaines, me répond la plus âgée, et nous sommes parties de Rome pour aller à Saint-

---

(1) *Lettres familières*, XVI, 8.
(2) *Enéide*, VIII, 114.

Jacques d'Espagne. Mais vous, êtes-vous Romain et allez-vous à Rome ? » — « Je suis tout Romain de cœur, dis-je, mais en ce moment je ne vais point à Rome. » Alors, m'entourant toutes familièrement, elles conversent avec plus de confiance. Je les questionne d'abord sur la situation de la République ; elles me répondent par de bonnes nouvelles mêlées de mauvaises. Quand on en vint aux particularités, je n'eus rien de plus à cœur que de m'informer de vous. Elles m'annoncèrent que vous vous portiez bien, que vous aviez fait un heureux et brillant mariage, et que vous étiez père d'un bel enfant. Bien que tous ces détails me fussent connus depuis longtemps, ils me causèrent autant de joie que si je les eusse appris nouvellement ou que si j'eusse eu devant les yeux votre femme et votre fils. Elles me parlèrent aussi des dangers que vous aviez courus (1) et, quoique cela fût passé, je les ai écoutées en tremblant, leur récit a renouvelé ma frayeur. L'issue, grâces à Dieu, avait été heureuse.

En demandant ensuite des nouvelles de notre jeune homme (2), j'ai appris à quel grand péril il

(1) Lello di Pietro Stefano faisait partie du gouvernement romain.
(2) Stefano Colonna.

avait échappé, tandis que son collègue, le sénateur Bertoldo, avait été exposé à la colère du peuple et, comme elles le disaient, avait péri lapidé (1). Il me vint aussitôt à l'esprit ce passage de Lucain : *C'est ainsi, ô grands, que vous payez de votre sang les malheurs de la patrie ; c'est ainsi que vous expiez de votre tête vos armes parricides* (2). En apprenant la cause d'un si grand malheur, ce mot de Salomon me revint en

---

(1) *En 1353, il régna dans toute l'Italie une grande cherté qui fut encore augmentée à Rome par l'exportation que permirent les sénateurs, gagnés à prix d'argent. Or, un jour de marché, le samedi, 15 février, le blé étant très cher et très rare sur la place du Capitole, on entendit tout à coup le cri suivant qui était le signal ordinaire de l'émeute : Peuple ! peuple ! (Popolo ! popolo !) Le peuple, en effet, s'attroupa et se précipita avec fureur en lançant des pierres contre le palais du Capitole où demeuraient les deux sénateurs. Bertoldo Orsini sortit équipé en chevalier, pour se frayer un chemin jusqu'à sa maison ; mais il continua d'être assailli de pierres, et lorsqu'il fut descendu au bas de l'escalier, à l'endroit où était placée une statue de la Sainte Vierge, il tomba mort sous cette grêle de projectiles. Stefano Colonna avait déjà pris soin de sortir par le derrière du palais, en se laissant glisser le long d'une corde, et il avait réussi à s'esquiver, déguisé en homme du peuple.* (Papencordt, *Rienzi et Rome à son époque*, trad. Boré chap. VI.)

(2) *Pharsale*, IV, 805-806.

mémoire : *Celui qui cache le blé sera maudit des peuples* (1). Le malheureux ignorait cette parole d'un César : *L'abondance des vivres procure la plus haute faveur*, et celle-ci : *Le peuple affamé ne connaît pas la crainte* (2).

Je leur ai demandé enfin si elles voulaient que je fisse quelque chose, car j'étais disposé pour Dieu, pour la vertu, pour la patrie, pour vous, à exécuter selon mes forces tout ce qu'elles auraient désiré, et à partager avec elles l'argent que j'avais pris pour mon voyage. Vous savez, sans que je le dise, ce qu'elles m'ont toutes répondu d'une seule voix : « qu'elles ne voulaient absolument rien sinon que je priasse le Christ de leur accorder un heureux retour dans leur patrie et de leur faciliter à la fin l'entrée de la cité céleste; qu'elles avaient de tout le reste en abondance. » J'insistai vainement à plusieurs reprises pour les décider à accepter quelque chose de moi. Que voulez-vous ? j'ai reconnu là le caractère de la femme romaine, et j'ai été charmé en songeant que les femmes de beaucoup d'autres nations non seulement ne refusaient pas ce qu'on leur offrait, mais encore demandaient avec importunité ce

(1) *Proverbes*, XI, 26.
(2) Lucain, III, 58.

qu'on leur refusait. La vérité est odieuse, aussi m'abstiendrai-je de citer les noms. Mais nos Romaines, tout en me remerciant de mon intention, ont méprisé noblement l'argent que je leur offrais. Dise maintenant qui voudra que les Romains sont importuns pour demander et ingrats lorsqu'ils ont reçu ! N'en déplaise à un si grand détracteur, je dirai : Je sais que les Romains dédaignent fièrement ce qu'on leur offre et sont reconnaissants de ce qu'ils ont reçu, et je ne parle pas seulement des hommes mais des femmes qui passent pour être naturellement plus avares.

Je ne veux point vous retenir aujourd'hui dans cette lettre aussi longtemps que j'ai retenu ce jour-là ces dames sur la route, et je les aurais retenues volontiers jusqu'au soir, car il n'était pas encore trois heures, si je n'avais craint de ralentir l'élan si saint de leur dévotion. D'ailleurs j'étais moi-même pressé. Après avoir vu mon frère, mon intention était de faire, sous la garde de Dieu, un voyage un peu long en Italie. Or je voulais me hâter afin de fléchir par mon zèle une destinée qui me force toujours à attendre pour voyager ou juillet ou décembre. Nous nous quittâmes en nous disant adieu. Je compris alors où j'étais, car durant l'entretien j'avais été à Rome et j'avais cru voir la Cécilia de Métellus, la Sulpicia de Fulvius, la Cornélie de Gracchus, la Marcia de Caton, l'Emilie de Scipion l'Africain et toute la légion des femmes illustres de l'antiquité; ou, pour m'exprimer d'une façon plus conforme au sujet et qui convienne mieux à notre époque, j'avais cru voir les vierges romaines du Christ, Prisca, Prassède, Pudentiana, Cécile et Agnès.

Je m'éloignai de là, et le lendemain je vis mon frère qui, si l'amitié ne m'aveugle pas, est, de tous les hommes que je me souviens d'avoir vus, celui qui navigue avec le plus de bonheur à travers les misères orageuses du monde. Il est si élevé au-dessus des choses de la terre et animé de telles dispositions que sa vie est une louange à Dieu, et que moi, qui suis loin de lui ressembler par le genre de vie et le caractère, bien qu'à la vérité je rougisse d'être devancé par un cadet, je me sens néanmoins heureux et fier d'être uni à un tel homme par les liens du sang et de la fraternité. Là, les deux frères rejoints après cinq ans de séparation eurent un entretien relativement long et passionné. Nous parlâmes beaucoup de plusieurs personnes, mais nul ne fut l'objet de plus questions que notre ami Lélius : comment la fortune en usait avec vous, comment vous en usiez avec elle, ce que vous faisiez, où vous étiez, quelle carrière vous suiviez, quelles dispositions vous aviez prises pour votre progrès et votre fin, comment vous vous montriez semblable à vous-même. Lorsque j'eus répondu à toutes ces questions de mon frère, je le laissai plus gai que je ne l'avais trouvé; quant à son désir que vous soyez en bonne santé, je crois que vous le savez sans que je vous le dise. Adieu.

A la fontaine de la Sorgues, 24 avril (1353).

XXX (1). — *A Socrate (Louis de Kempen), attaché à la curie romaine d'Avignon.*

Désagréments des domestiques.

Dernièrement, tandis que, pour éviter l'ennui et me récréer, je lisais dans Plaute de charmantes comédies, et que, grâce à cet ancien poète, je dérobais un instant mon cœur aux soucis qui le rongent, on ne saurait croire com-

(1) *Lettres familières*, V, 14.

bien d'agréables récits, combien de frivolités exquises j'y ai trouvées ; quelles fourberies d'esclaves, quels contes de vieille femme, quelles caresses de courtisanes, quelle avarice d'entremetteur, quelle voracité de parasite, quelle inquiétude de vieillards, quels amours de jeunes gens. J'admire déjà moins notre Térence qui, pour arriver à cette élégance, a eu un tel guide. Mais nous parlerons de tout cela en temps utile ; ce sera un sujet fécond et très agréable au sein du repos, si jamais nous en jouissons. Pour le moment, je ne glisserai ici qu'un passage qui s'est offert aujourd'hui fort à propos.

Il y a une comédie de Plaute intitulée *Casina*. Le mari et la femme y sont en désaccord pour le mariage d'une jeune servante. On dirait une guerre domestique et plus que civile, tant la désunion règne entre les conjoints. La mésintelligence est complète : le père de famille chauffe ses propres amours ; la mère, celles de son fils. Deux esclaves, compétiteurs acharnés, aspirent à l'envi à la main de la jeune fille, l'un suborné par le père, l'autre par la mère. Celui qui servait la passion du maître se montrant inexorable aux prières de la maîtresse pour le détourner de son projet, le maître, qui par hasard avait entendu les derniers mots de l'altercation, lui demande avec qui il se querellait. — *Avec celle qui vous querelle sans cesse,* réplique-t-il. — C'est donc avec ma femme, reprend le vieillard, comme devinant le sens de cette circonlocution. A cela l'esclave fait une réponse ni basse ni sotte, et, en la lisant aujourd'hui, j'ai vu en quelque sorte qu'elle s'adressait à moi. *De quelle femme me parlez-vous?* dit-il. *Vous êtes en vérité comme le chasseur, vous avez jour et nuit une chienne à vos côtés* (1).

Ainsi s'exprime cet esclave. Or, que peut-on me dire qui me convienne mieux? Il est vrai que notre vie n'admet pas le mariage (2); quoiqu'elle soit exposée à mille tempêtes, elle n'a rien à craindre de cette Charybde. Mais il y a un autre genre d'inconvénient auquel s'appliquent aussi les paroles de cet esclave. J'éprouvais depuis longtemps la chose; les mots ne me venaient pas. Je savais que je vivais avec des chiens; je n'aurais pas su, si on ne me l'eût dit, que j'étais un chasseur. Ceux que l'on nomme serviteurs sont de chiens, mordeurs, gourmands, aboyeurs.

---

(1) *Casina*, II, 5, 10-12.
(2) Ils étaient diacres.

Je puis supporter tous leurs défauts, excepté le dernier, car l'aboiement est trop contraire à la tranquillité que nous cherchons. Mais de toute la bande des chiens, deux me sont tout à fait insupportables, car je veux encore supporter les autres. L'un des deux est celui que je vous dépêche aujourd'hui avec plusieurs lettres de nos amis, auxquelles Plaute m'a fourni l'occasion d'ajouter celle-ci. Gardez-le donc pour vous, si vous voulez devenir chasseur, et envoyez-le au bois ou au marché, pourvu qu'il ne revienne jamais vers moi. L'autre est ce vieillard rageur que vous connaissez bien. Ce qui m'empêche de le congédier, c'est la pudeur et la considération moins de sa personne que de son âge et de sa longue domesticité. Aussi, puisque l'esclave de Plaute me montre que je suis un chasseur, je ferai comme les chasseurs consciencieux, je n'expulserai point un chien vieilli à la maison, quoique inutile par sa caducité et sa gale et très désagréable par ses aboiements. Mais je fuirai celui que je ne puis faire fuir, et, lui abandonnant la maison vide, j'irai vers d'autres bords. Comme à cet égard mon parti n'est pas encore pris, vous apprendrez ma résolution dans une lettre plus secrète. En somme, dans les dispositions où je suis, je pourrais être pêcheur vers la fontaine de la Sorgues ; certes, je ne serai pas plus longtemps chasseur, ou du moins je ne passerai pas plus longtemps ma vie avec ces chiens-là. Adieu.

XXXI (1). — *A Gérard Pétrarque, Chartreux* (2).

Il le félicite de sa conduite héroïque pendant la peste.

Je dînais un jour chez très saint et excellent homme, Ildebrandino (3), prélat de l'église de Padoue, qui illuminait alors cette ville des mille rayons de ses vertus et qui maintenant brille au ciel comme un nouvel astre, quand le hasard y amena deux prieurs de ton ordre, un Italien et un Transalpin. L'un dirigeait le couvent de Casula, qui domine Albegna dans la rivière de Gênes ; l'autre, celui de Valbonne, qui est voisin de la rive droite du Rhône. L'évêque, joyeux de l'arrivée de tels hôtes, les reçut avec bienveillance selon son habitude, et, prolongeant

(1) *Lettres familières*, XVI, 2.
(2) Son frère.
(3) Ildebrandino di Conti.

l'entretien jusqu'au soir, il leur fit maintes questions et leur demanda d'abord quel motif les avait amenés à Padoue. Ils répondirent qu'ils étaient envoyés par l'ordre pour construire un monastère de chartreux sur le territoire de Trévise, avec l'appui de l'évêque et celui de quelques autres habitants du lieu, bons et dévots. Comment cette entreprise a-t-elle réussi jusque-là, ou comment réussira-t-elle ? Je l'ignore. Ildebrandino, dont la vie fut aussi exemplaire que sa science et son langage étaient saints, passant d'un mot à un autre, et faisant aussi mention de toi, demanda à ses hôtes si tu étais content de ton sort et de ta vocation. Ceux-ci, abordant à l'envi le sujet, rapportèrent de toi des traits magnifiques, et notamment celui-ci :

Lorsque cette peste qui a parcouru toutes les terres et les mers (1) fut à son tour arrivée à vous et eut envahi le camp où tu sers le Christ, ton prieur, dont je connais d'ailleurs le zèle et la pureté d'intention, effrayé par ce mal si soudain, t'ayant exhorté à fuir, tu lui répondis chrétiennement et philosophiquement à la fois : « Que ce

---

(1) La peste de 1348.

projet t'agréerait s'il y avait quelque part un lieu inaccessible à la mort. » Et comme ce prieur te disait néanmoins de partir, tu lui répliquas avec vivacité : « Qu'il allât où il le jugerait convenable; que pour toi, tu resterais au poste qui t'avait été confié par le Christ. » Comme il insistait à plusieurs reprises et qu'entre autres moyens d'intimidation il te menaçait de n'avoir pas même un tombeau, tu lui répondis : « Que c'était là le dernier de tes soucis, car le soin de la sépulture n'était point ton affaire, mais celle des survivants. » Ce prieur se retira enfin dans sa famille, où il fut bientôt enlevé par la mort, qui l'avait suivi ; quant à toi, protégé par Celui en qui est la source de la vie, tu demeuras sain et sauf, et lorsqu'en peu de jours la mort eut moissonné trente-quatre personnes qui étaient là, tu restas tout seul dans le monastère.

Ces hôtes ajoutaient que, sans être détourné par la contagion du mal, tu as assisté les frères expirants, recevant leurs dernières paroles et leurs baisers, lavant leurs corps glacés (1), que souvent dans un seul jour tu en as enseveli de

(1) Le lavage des corps avant l'inhumation était prescrit par la règle de saint Benoît.

les mains trois et plus, avec une charité infatigable, et que tu les as emportés sur tes épaules, n'ayant personne pour creuser la fosse et pour rendre aux morts les derniers devoirs. A la fin, tu es resté tout seul avec un chien, veillant toutes les nuits et donnant à un repos nécessaire une petite partie du jour. Pendant ce temps les voleurs nocturnes, dont le pays est inondé, attaquant souvent le monastère dans le silence et la profondeur de la nuit, en furent chassés par toi, ou plutôt par le Christ, qui était avec toi, à l'aide de paroles tantôt pacifiques, tantôt énergiques, et ne purent causer aucun dommage au cloître. Quand ce terrible été fut passé, tu fis demander aux monastères voisins qu'on t'envoyât quelqu'un pour garder ton monastère. Ceci fait, tu te rendis à la Grande Chartreuse. Le prieur du lieu, homme religieux par excellence (1), t'accueillit, toi simple moine, avec un honneur rare et extraordinaire, parmi quatre-vingt-trois prieurs étrangers. Tu obtins qu'il te serait donné un prieur et des moines que tu choisirais dans divers couvents, et à l'aide desquels tu reformerais ton

(1) Jean Birel, général des Chartreux, qui refusa le cardinalat et la papauté. Il mourut en 1360, après avoir gouverné son ordre pendant quatorze ans.

monastère vide par la mort des tiens. Tu revins plein de joie, comme si tu eusses remporté un triomphe éclatant. C'est ainsi que le couvent de Montrieu, autrefois vénérable, puis désert, fut rétabli par ton zèle, par ta sagesse, par ton dévouement. Et parmi ces difficultés et beaucoup d'autres, ton corps est demeuré robuste, ta santé excellente, et tu as la beauté qui sied à un religieux. Cela me surprendrait si je ne savais, comme dit quelqu'un, que *les saints ont acquis même des qualités physiques,* car la santé de l'âme entretient souvent la santé du corps, la vigueur des membres et la beauté du visage.

Pendant que ces religieux racontaient de toi ces choses et beaucoup d'autres, l'évêque me regardait en versant des larmes de joie; pour moi, je ne sais si mes yeux étaient secs; mais, à coup sûr, mon cœur ne l'était point. Soudain s'étant tournés vers moi, soit par un avertissement du ciel, soit par un certain pressentiment en le voyant sur mon visage, ils m'embrassèrent avec des larmes de tendresse et de joie. « Oh! que vous êtes heureux, s'écrièrent-ils, d'avoir un frère aussi pieux! » Ils ajoutèrent ensuite beaucoup d'autres choses que j'exprimerai mieux en me taisant. Adieu, cher frère ; si je t'ai écrit tout cela, c'est pour que tu fasses en sorte, je te le demande en grâce, de te montrer a la fin tel que tu as été en commençant.

(1352 ou 1353.)

FIN

TABLE DES MATIÈRES

Lettre-préface. 5
Épître a la postérité. 13

PREMIÈRE PARTIE

ÉPITRES EN VERS

I. Au P. Dionigio Roberti. (Description de la fontaine de Vaucluse, qu'il l'engage à visiter.). 31
II. A Philippe de Cabassole. (Il l'invite à partager sa retraite à Vaucluse.). 38
III. A Jacopo Colonna. (Ses vains efforts pour combattre sa passion. Sa vie à Vaucluse. Jouissances de l'étude.) 41
IV. A Lélius. (Vaucluse réveille son amour qu'il croyait éteint.). . . . .
V. A Giovanni Colonna. (Sa guerre avec les nymphes de la Sorgues.) 57
VI. Au même. (Un orage à Vaucluse.) 64

TABLE DES MATIÈRES

VII. Au même. (Sa paix avec les nymphes de la Sorgues.).	70
VIII. Au même. (Il le remercie du chien qu'il lui a donné.).	74
IX. A Gulielmo di Pastrengo. (Sa rencontre à Vaucluse avec la maîtresse de cet ami.) .	81

DEUXIÈME PARTIE

LETTRES EN PROSE

I. Au P. Dionigio Roberti. (Son ascension sur le mont Ventoux.)	85
II. A Giovanni Colonna di San Vito. (Remède contre la goutte.).	102
III. A Lélius. (Il le prie d'intéresser le cardinal Giovanni Colonna à un jeune homme faussement accusé de viol.).	107
IV. Au même. (Même sujet.)	110
V. A Giovanni Colonna. (Invité simultanément à recevoir la couronne de laurier à Paris et à Rome, il lui demande son avis.). . .	116
VI. Au même. (Il suivra le conseil qu'il lui donne de se faire couronner à Rome.). .	118
VII. A Philippe de Cabassole. (Son vœu le plus ardent est de vivre et de mourir à Vaucluse.)	120
VIII. Au même. (Il lui annonce son retour à Vaucluse.)	121
IX. A Francesco Nelli. (Arrivée à Vaucluse de l'évêque de Florence.).	123
X. Au même. (Sa fausse réputation de poète sauve Rienzi de la peine capitale.). . .	125
XI. A Pierre de Rainzeville. (Sa passion pour l'étude. Il est assailli par les versificateurs de tous les pays.)	141

TABLE DES MATIÈRES

XII. A Francesco Nelli. (Sa vie à Vaucluse.).. 152
XIII. A Zanobi da Strada. (Il le remercie de l'intérêt qu'il porte à sa réputation.).... 159
XIV. A Mathieu Longus. (Éloge du chien.)... 164
XV. A Dom Ubertino. (Il s'excuse de ne pas lui communiquer son poème de l'*Afrique*, auquel il n'a pas encore mis la dernière main.)............... 168
XVI. A Gui de Boulogne. (Tourmenté du désir de quitter Avignon pour retourner en Italie, il ne se sent pas la force de l'attendre plus longtemps.)............. 171
XVII. A Pons Samson. (Il s'excuse d'être parti sans prendre congé de lui.)......... 175
XVIII. A Francesco Nelli. (S'étant mis en route pour l'Italie, une pluie torrentielle l'a forcé à rebrousser chemin.)....... 178
XIX. A Zanobi da Strada. (Sa vie à Vaucluse.). 183
XX. A Andrea Dandolo. (Il se disculpe du reproche de trop aimer les voyages.)... 191
XXI. A Pierre de Rainzeville. (Sa polémique avec un médecin. Nouveaux délais qui suspendent l'expédition de Charles IV en Italie.)................ 199
XXII. Au même. (Sa polémique avec un médecin.) 204
XXIII. A Lélius. (Il lui demande conseil sur l'endroit où il doit se fixer et il lui témoigne le désir qu'il éprouve de finir ses jours à Rome.)................ 209
XXIV. A Philippe de Cabassole. (Il lui demande asile dans sa maison de campagne pour se dérober à tous les regards.)..... 219
XXV. Au même. (Il lui envoie trois petits présents.)................. 221

XXVI. A Elie de Talleyrand et Gui de Boulogne. (Il demande l'autorisation de retourner à Vaucluse par suite de la mort de son métayer gardien de sa bibliothèque.) 223

XXVII. A Socrate. (Content de son sort, il supplie ses amis de ne pas le pousser dans la voie de l'ambition.) 228

XXVIII. Au même. (Il exprime son inquiétude sur la disparition d'un ami qui était venu le voir.) 233

XXIX. A Lélius. (En allant voir son frère au monastère de Montrieu, il rencontre des dames romaines qui lui donnent des nouvelles de Rome.) 236

XXX. A Socrate. (Désagréments des domestiques.) 242

XXXI. A Gérard Pétrarque. (Il le félicite de sa conduite héroïque pendant la peste). . . 247

ÉMILE COLIN — IMPRIMERIE DE LAGNY

www.ingramcontent.com/pod-product-compliance
Lightning Source LLC
Chambersburg PA
CBHW070635170426
43200CB00010B/2035